ヤマケイ文庫50選

写真で読む山の名著

萩原浩司

萩原編集長の

山塾

Yamakei Library

書籍撮影　山本浩明
装丁デザイン　尾崎行欧デザイン事務所
（尾崎行欧、宮岡瑞樹）

目次

ヤマケイ文庫 33選 233

はじめに

山の名著を、より多くの人に気軽に楽しんでもらいたい——。

そんな思いで二〇一〇年に創刊したのがヤマケイ文庫でした。

当初は二〇〇〇年に企画した山岳名著シリーズ「ヤマケイ・クラシックス」のなかから、『新編 単独行』や『新編 風雪のビヴァーク』といった書籍を文庫化するところから始め、次第に今、なかなか手に入れることのできなくなった古典や、もう一度、新しい読者に読んでいただきたいと願う近著を加えて、山にまつわる数々の書籍を文庫化。同時に、登山ジャンルのみならず、自然や歴史にまつわる書籍も収容して、現在では一三〇冊を超えるタイトルがヤマケイ文庫としてラインナップされるようになっています。

そのなかから「山好きの方なら最低限、これだけは知っておいてほしい」と思う一七冊を厳選し、そこに描かれている世界を写真を見てイメージできるように編集・紹介したのが本書です。なかなか見ることのできない厳しい冬山の情景から、季節の変わり目の一瞬をとらえた一枚、そして、まさに「写真で読む」ことのできる松濤明の手帳など、文章を読むだけでは十分に伝わりきらない世界が、それぞれの著者が残した珠玉の文章とともにカラーページで展開されています。読者は文章と、それに合わせた写真を読むことによって、作品の世界により深く入り込むことができることでしょう。

よき本との出会いが、あなたの山登りを大きく変えることになるかもしれません。本書を参考に、まずは山の本の世界を楽しんでみられてはいかがでしょうか。

「ヤマケイ文庫」編集長　萩原浩司

新編 単独行

chapter 1

加藤文太郎

カバー写真＝荻原浩司

不世出の単独行者、加藤文太郎の不朽の名著

『単独行』は、孤高の単独行者、加藤文太郎が遺した原稿を基に編集された遺稿集である。風雪の槍ヶ岳北鎌尾根で命を落とした加藤を偲び、一九三六（昭和一一）年に私家版の遺稿集として刊行。その後、一九四一（昭和一六）年には未発表の記録などを加えた商業出版物として朋文堂から出版される。続いて一九七〇（昭和四五）年には、二見書房から文章を時系列に並べ替えて編集された山岳名著シリーズ『単独行』が刊行される。そして二〇〇〇（平成一二）年、朋文堂版を底本としつつ、私家版から削除されていた原稿を復活させ、さらに時代背景の理解を助けるために福島功夫氏の解説文を随所に挟みながら編集し直し、山と溪谷社の「ヤマケイ・クラシックス」シリーズの一冊として『新編 単独行』が刊行された。

本書は、このヤマケイ・クラシックス版を文庫化したものである。

加藤文太郎
かとう・ぶんたろう

一九〇五（明治三八）年、兵庫県浜坂町生まれ。一九三〇年代前半、高峰の雪山登山がまだ一般的でなかった時代にたったひとりで厳冬のアルプスを縦横に駆け抜け、「不死身の加藤」の異名をとる。三〇（昭和五）年二月の北穂高岳厳冬期初登頂のほか、三一（昭和六）年一月の薬師岳から烏帽子岳単独縦走、三二（昭和七）年二月の槍ヶ岳〜笠ヶ岳単独往復といった記録がある。三六（昭和一一）年一月、槍ヶ岳肩の小屋から北鎌尾根に向かって出発したまま帰らず、同年四月に天上沢にて遺体で発見される。享年三一。その生涯は新田次郎の小説『孤高の人』のモデルとして実名で描かれ、また、谷甲州の小説『単独行者（アラインゲンガー） 新・加藤文太郎伝』にも実名で描かれている。

解説＝福島功夫
ふくしま・いさお

一九五〇（昭和二五）年、宮崎県延岡市生まれ。早稲田大学政経学部卒業。冬の北アルプスや上越の雪稜などを好んで登り、その延長線上でヒマラヤ（八一年コンデ・リ、九〇年ヌンブール）にも行く。著書に『山の名著30選』『新・山の本おすすめ50選』（ともに東京新聞出版局）などがある。奥多摩山岳会会員、日本山岳会会員。フリー編集者。

もしも登山が自然から色々の知識を得て、それによって自然の中から慰安が求めえられるものとするならば、単独行こそ最も多くの知識を得ることが出来、最も強い慰安が求めえられるのではなかろうか。何故なら友とともに山を行くときは時折山を見ることを忘れるであろうが、独りで山や谷をさまようときは一木一石にも心を惹かれないものはないのである。

もしも登山が自然との闘争であり、自然を征服することであり、それによって自然の中から慰安が求め得られるものとするならば、いささかも他人の助力を受けない単独行こそ最も闘争的であり、征服後において最も強い慰安が求めえられるのではなかろうか。

『新編 単独行』「単独行について」より

「なぜひとりで歩くのか」

加藤文太郎の、山に対する考えを明らかにした文章が「単独行について」である。ここで彼は、みずからの登山スタイルである単独行を強く擁護している。

この当時（昭和初期）、冬の北アルプスは地元の案内人を雇い、組織の力で登るのが主流であった。そんななか、たったひとりで冬山に入っていた加藤に対して批判的な意見が寄せられていたことも事実である。加藤はそれを承知の上で、実践してきた単独行の優位性を語り、安全性についても次のように記している。

かくの如く単独行者は夏の山から春秋――、冬へと一歩一歩確実に足場をふみかためて進み、いささかの飛躍をもなさない。故に飛躍のともなわないところの「単独行」こそ最も危険が少いといえるのではないか。

飛躍のともなわないところの単独行。これは実際に加藤が実践してきたことであり、彼の山行記録はそれを見事なまでに物語っている。

加藤の登山歴を調べてみると、一九二五（大正一四）年に蓮華温泉から白馬岳へ登ったのを初めとし、一九二八（昭和三）年までは夏山の長期縦走を中心に歩いていた。それが一九二九（昭和四）年の八ヶ岳で本格的な雪山を経験して以降、山行の回数は一月から三月の冬季に集中するようになる。おそらくすべての長期休暇をこの期間に充てていたのだろう。そして登山の内容も、歩行中心の縦走登山から、クライミング要素の強いバリエーションルートへと、着実にレベルを上げている。常に「飛躍のともなわないところの『単独行』」を心がけていたようだ。

だから単独行者よ、見解の相違せる人のいう事を気にかけるな。もしもそれらが気にかかるなら単独行をやめよ。何故なら君はすでに単独行を横目で見るようになっているから。

と続ける。まるで自分自信に言い聞かせているような書き方だ。

そして最後に、彼はこの論考をこう結んでいる。

「**単独行者よ強くなれ！**」

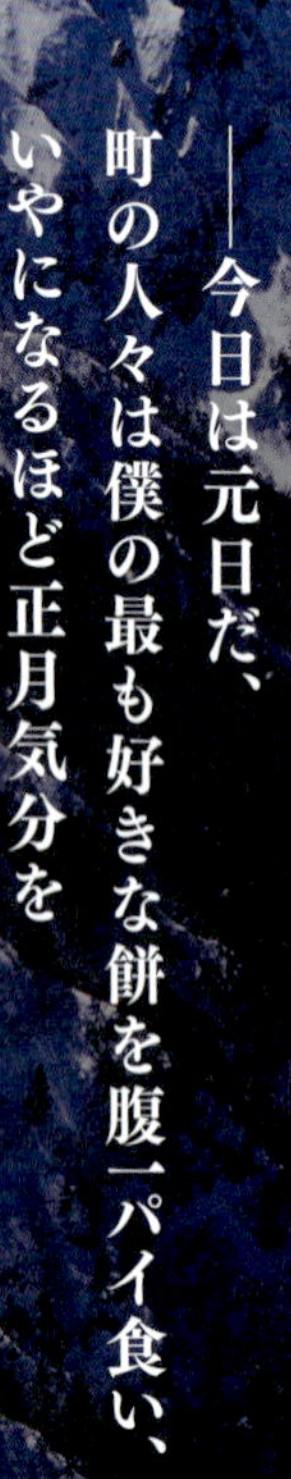

――今日は元日だ、
町の人々は僕の最も好きな餅を腹一パイ食い、
いやになるほど正月気分を
味（あじわ）っている事だろう。
僕もそんな気分が味いたい、
故郷にも帰ってみたい、
何一つ語らなくとも楽しい気分に浸れる
山の先輩と一緒に歩いてもみたい。

硫黄岳から見た赤岳・横岳（写真＝萩原浩司）

加藤文太郎にとって、初めての本格的な雪山が八ヶ岳であった。一九二八（昭和三）年の大晦日に茅野から夏沢温泉（現・夏沢鉱泉）に入山。無人の山小屋に泊まり、翌朝、ひとりぼっちの元旦を迎える。

元日は朝から吹雪であった。赤岳の登頂は無理と判断した加藤は、夏沢峠を往復してこの日の行動を終える。小屋に戻ったのが一二時三〇分。暖もとれず、話す相手もいない部屋で、ひとり布団に潜り込んで手帳にしたためたのが前掲の文だ。

なぜそうまでして自分は山に登るのか。加藤はここで悔恨に満ちた問いかけをみずからにぶつけている。「元日の今日、みんなはいやになるほど正月気分を味わっているのだろうに、どうして自分はこんなに寒い場所でひとり淋しく凍った蒲鉾ばかりを食べているのだろう」などと、女々しいことこの上ない文面だ。「そんなにつらいならとっとと家に帰りなさい」と、思わず突き放したくなる内容である。

しかしその二日後、彼はみずからの行動をもって先の問いに答えを出す。ようやく訪れた晴天のもと、加藤は、まるでギリギリまで引き絞られた弓から放たれた矢のごとく、八ヶ岳の雪の稜線をひとり駆け抜けたのだ。

朝三時に夏沢温泉を出発。夏沢峠からいったん本沢温泉に下って寄り道（「番人がいたら御馳走をしてもらうつもりだったが、あいにく留守でがっかりした」と書き残しているので、やはりまだ人恋しさが残っていたのだろう）したのち、夏沢峠に戻って主稜線を南下。硫黄岳に登頂、横岳の岩場を通過し、さらに八ヶ岳最高峰の赤岳頂上へと足を延ばした。そして往路を夏沢温泉まで戻ると、そのまま一気に上槻ノ木まで下山してしまった。夏のコースタイムで約一四時間もの行程を、冬にたった一日で歩き通したことになる。

そして彼は、赤岳山頂での思いを次のように記した。

三年前の九月一日に権現岳からここへやって来た時、一月などにこの頂に立てようとは夢にも思わなかったが何と幸運な事だろう。昨日までの苦心はこれで完全に報いられた。さあベルグハイルを三唱しよう、歌も唄おう、四囲の山をもう一度ゆっくり眺めよう。

雪山で驚異的な山行を続けた単独行者・加藤文太郎の伝説は、この八ヶ岳から始まったのである。

空から見た薬師岳（奥）と鷲羽岳（中央左）、水晶岳（中央右）（写真＝内田 修）

野口五郎岳の三角標石は、完全に露出していた。頂上からちょっと縦走して行くと尾根にくぼんだ所がある。そこでちょっと休む事にして、雪の孔を掘り、カッパを上に張って潜り込んだ。孔の中の温度を計ろうと思って寒暖計を出していたが、一度も計らずに紛失してしまった。孔の中はあたたかだったが、二時間ほどで出発した。そのうち霧がはれて月が出たので、すばらしい冬の夜の山を味う事が出来た。

『新編 単独行』「厳冬の薬師岳から烏帽子岳へ」より

加藤文太郎の代表的な山行記録といえば、一九三〇（昭和五）年一二月から三一（昭和六）年一月にかけての、薬師岳から烏帽子岳への厳冬期単独縦走が挙げられる。黒部川の源流をぐるりと半周。北アルプス最奥の地ともいえる薬師岳、黒部五郎岳、鷲羽岳、水晶岳を通り、烏帽子岳まで縦走してブナ立尾根を下山している。

この登山はアプローチからして遠く困難な道程であった。出発地は岐阜県側の猪谷。ここから延々と集落をつないで歩き、二日目にようやく登山口である真川に到着する。翌日は一気に太郎平へ上がり、元日は上ノ岳の小屋に宿泊。停滞一

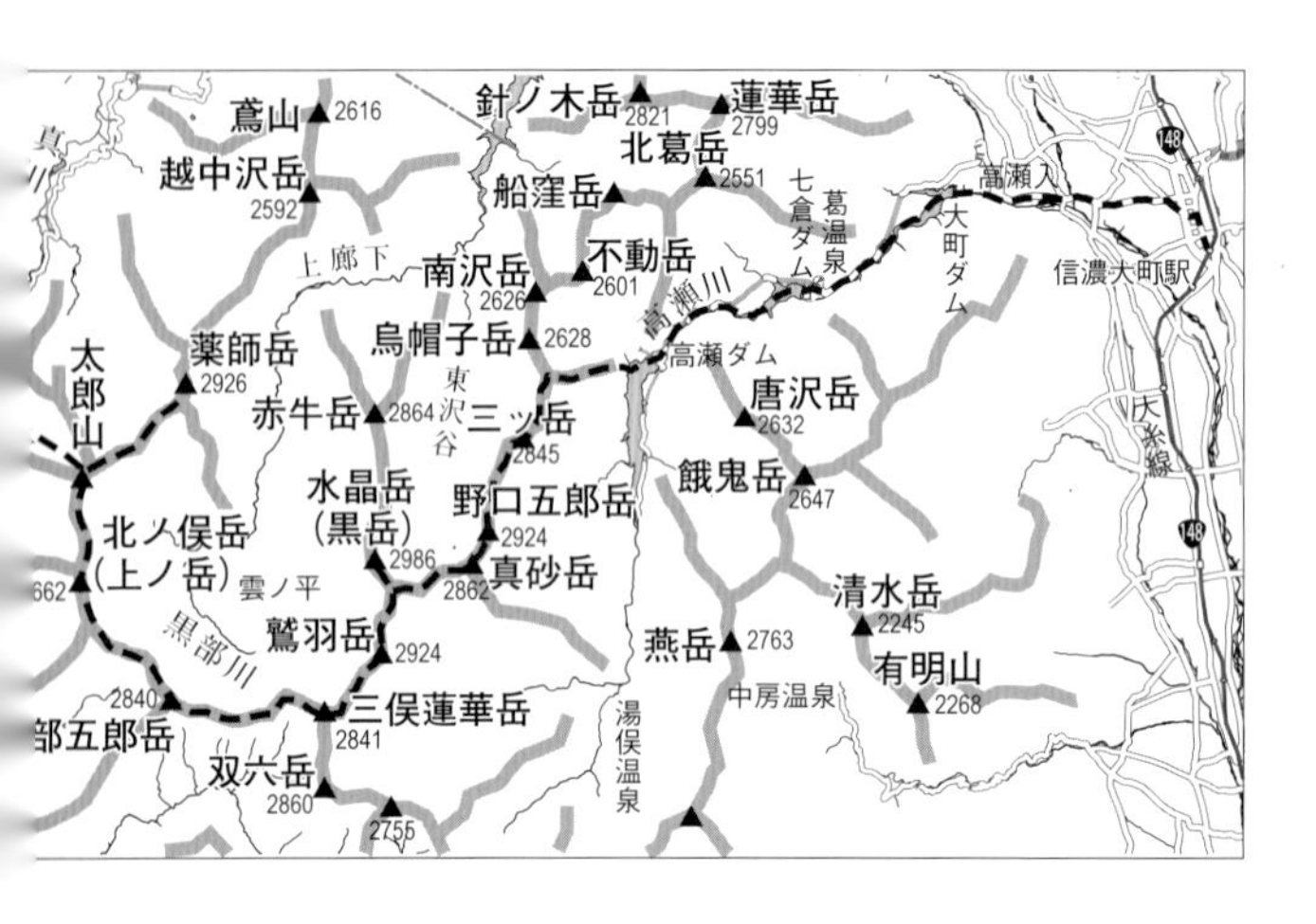

日を挟んで一月三日に薬師岳に登頂して上ノ岳小屋に戻ってきた。猪谷を出てから五日目のことである。

ここから烏帽子岳までは稜線伝いに歩くのだが、加藤には「暗くなったら行動しない」という決まりはない。一月六日は三俣蓮華の小屋を朝七時に出て鷲羽岳を越え、水晶岳を往復して一八時半に野口五郎岳に到着。日が暮れてからも歩き続け、一九時から二一時まで雪穴を掘って休憩しつつも、さらに月明かりの下を歩き続けて午前二時に烏帽子小屋に到着した。その二日後に下山して全行程一〇日間。「不死身の加藤」との異名は、こうした型破りな行動から命名された。

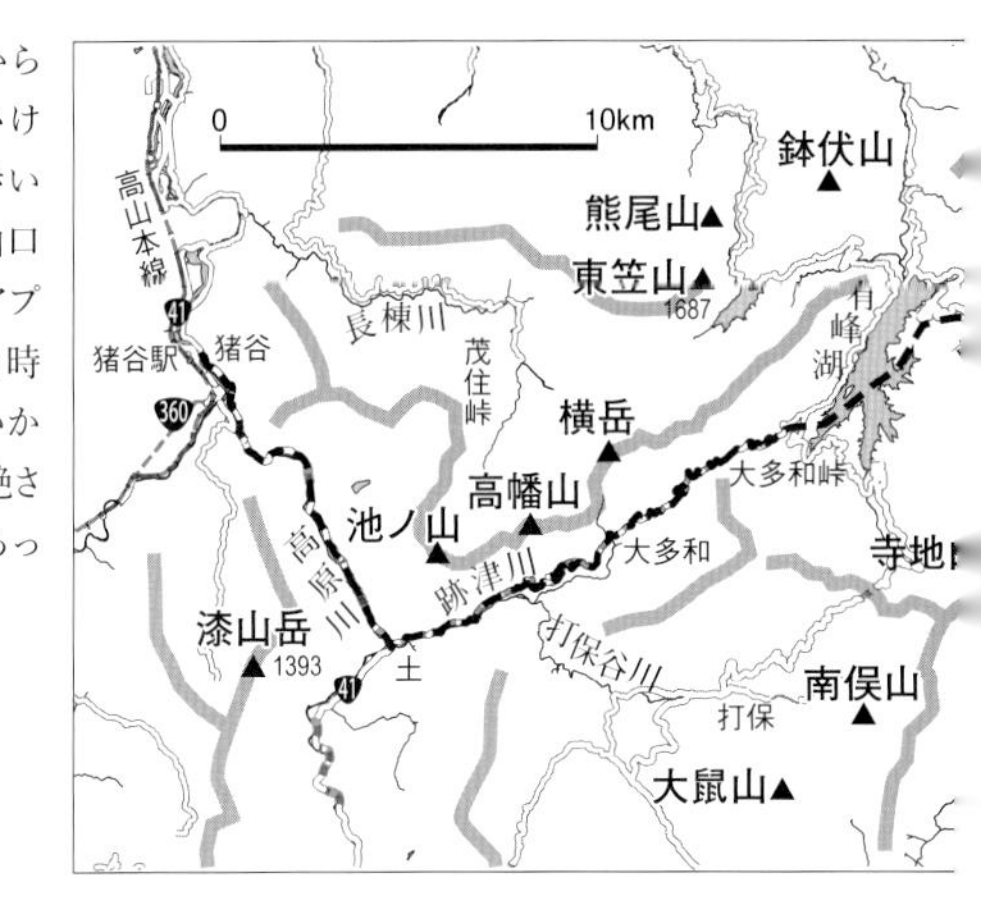

昭和5年12月30日から昭和6年1月8日にかけて、加藤文太郎が歩いたルート。現在の登山口である有峰口までのアプローチ（もちろん、当時は有峰湖はない）がいかに長く、人里から隔絶された山域の登山であったかがよくわかる

槍ヶ岳北鎌尾根と笠ヶ岳（写真＝佐々木信一）

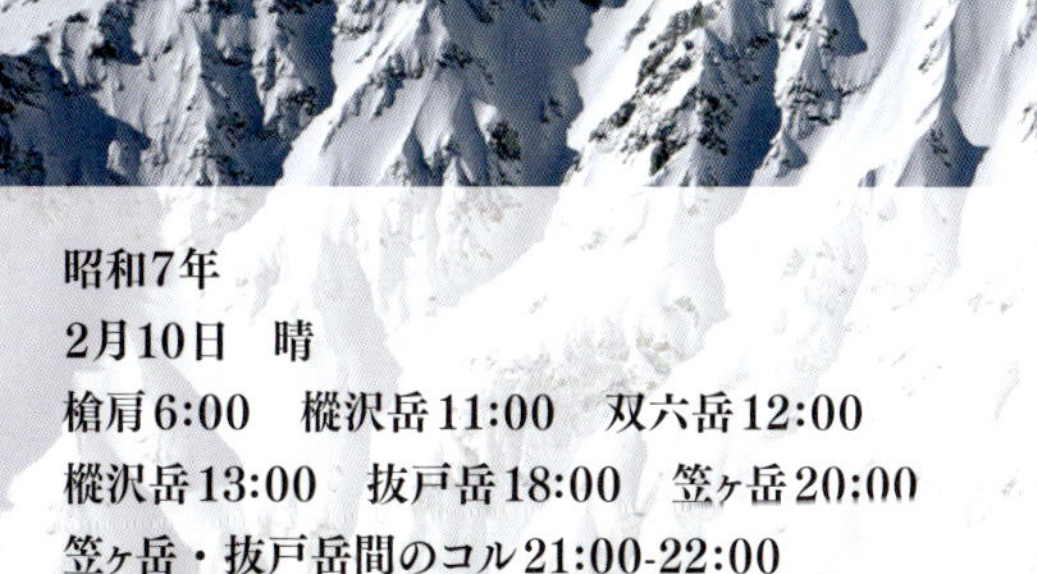

昭和7年

2月10日　晴

槍肩6:00　樅沢岳11:00　双六岳12:00

樅沢岳13:00　抜戸岳18:00　笠ヶ岳20:00

笠ヶ岳・抜戸岳間のコル21:00-22:00

2月11日　曇－雪

抜戸岳北側のコル0:00-1:00（零下20度）

2588.4メートル峰の南のコル3:30-4:00（零下10度）

樅沢岳 7:00　槍肩 14:20

（「槍から双六岳及び笠ヶ岳往復」より）

（編注）記録を横書きで紹介するため、算用数字を用い、24時間表記しています。

「薬師岳から烏帽子岳への厳冬期単独縦走」が加藤文太郎の代表的な記録であることは間違いないが、彼の超人ぶりを理解するには、むしろこちらのほうがわかりやすい。一九三二（昭和七）年二月一〇日から一一日にかけて、槍ヶ岳肩の小屋（現・槍ヶ岳山荘）から笠ヶ岳を往復した記録である。

実際に地図を広げてコースタイムを調べてみるといい。歩行時間の積算は二〇時間三〇分に及ぶ。常識的に考えれば二泊三日の、それも健脚者向けの行程である。鍛えられたトレイルランナーなら一日で往復できる距離かもしれないが、それは夏の話だ。加藤は道が雪に埋もれた厳冬期に、昼夜を問わず歩き続けて肩の小屋〜笠ヶ岳間を三二時間二〇分で往復している。途中、ルートから外れて、わざわざ双六岳の山頂を律儀に踏んでくるところが加藤らしい。帰途、夜間行動となるが、懐中電灯を谷に落としてしまい、それを拾いに稜線から往復するというアクシデントがあったものの、雪穴を掘って休憩をとりながら歩き続けて肩の小屋に戻ってきた。行動記録をよく読めば、彼が夜中にも行動していることがわかるはずだ。

人並みはずれた体力と、寒さや風雪に対する適応能力。これこそが彼の武器であり、数多くの超人的な記録を支えていた原動力といえるだろう。

（写真＝内田 修）

槍ヶ岳肩の小屋を出発したのが6時、6時間後には双六岳の頂上に立ち寄り、ふたたび稜線に戻って笠ヶ岳の頂上には20時着。ここからは当然、夜間行動だ。帰途、何度か雪洞を掘り、体にカッパを巻き付けただけで休息をとりながら、樅沢岳には翌朝7時に到着。西鎌尾根を登って肩の小屋に戻り着いたのは14時であった

眠れないまま
これから先のことについて吉田君と相談する。
僕は「尾根にはまだ悪いところがありそうだから
吹雪の止むまでここで待つか
三、四のコルまで引返そうではないか」というと、
吉田君は
「もう一晩もこんな所にはいたくない、
どんなことがあっても今日中に小屋へ帰ろう、
悪いところはみんな自分が頑張るから」と。
そうだ、この意気だ、
この意気があればこそ山登りに成功するのだ。
どんな悲境に立とうとも

蝶ヶ岳から見た前穂北尾根と奥穂高岳（写真＝内田 修）

決してこの意気を失ってはならない。
世には往々ほんの僅かの苦しみにもたえず
周章狼狽、意気沮喪して敗北しながら、
意志の薄弱なのを棚に上げ、
山の驚異や退却の困難をとき、
適当な時期に引揚げたなどと自讃し、
登山に成功したのよりも
偉大なごとくいう人がある。
しかし山を征服しようとする我々は、
こんな敗軍の将の言葉などには
いささかも耳をかさず、
登頂しないうちは倒れてもなおやまないのである。

『新編 単独行』「前穂高北尾根」より

新田次郎の小説『孤高の人』が、加藤文太郎の遺稿集『単独行』を参考にして書かれていたことは周知の事実であろう。ほかにもご遺族や山岳関係者を訪ねるなど、綿密な取材のもとに描かれた文太郎像は「孤高」のイメージを際立たせられたきらいがあるものの、大筋においてその解釈は間違っていない。

しかし物語の終盤、冬の槍ヶ岳北鎌尾根での遭難については、話の展開をドラマチックに見せたいがために少々脚色が過ぎたようだ。小説では後輩の宮村健が加藤を強引に誘って北鎌尾根に向かい、その結果、加藤にとって初めてのパーティ行動が判断を鈍らせ、遭難してしまうといった筋書きになっている。

ところが実際は逆であった。むしろ加藤のほうが、自分の苦手とする岩稜を安全に登りたいがために、岩登りの上手なパートナーを誘っていたのである。

加藤とともに北鎌尾根をめざし、帰らぬ人となってしまったその人の名は吉田登美久。加藤は「吉田君は恐ろしく山に熱情をもっていて、山での死をすこしも恐れてはいない。その上岩登りが実にうまい。だから私は間もなく吉田君を誘惑してしまった」と記し、北鎌尾根に向かう二年前に一緒に登った前穂北尾根では「岩登りの下手な私がブレーキになったので、第三峰の左のチムニーで露営しなければならなかった」と回想している。

『孤高の人』では「加藤文太郎を遭難に導いた張本人」といった役回りになっている宮村健だが、実在のパートナーであった吉田登美久は岩登りがうまく、山に対する意識も極めて高かった。この点において、谷甲州が加藤を描いた小説『単独行者（アラインゲンガー）新・加藤文太郎伝』のほうが、加藤・吉田ともに実在の人物像をよりリアルに伝えているといえるだろう。少なくとも、冬の北鎌尾根において吉田は加藤と対等の立場で行動を共にしていた。その事実だけでも、記憶にとどめていただければと思う。

前ページの文章は積雪期の前穂北尾根の登攀中の話で、加藤は吉田の積極的な言動に刺激を受けたのか、驚くほど攻撃的な主張を展開している。正直、「飛躍をともなわないところの単独行」を実践し、山に対して常に謙虚さを忘れることのなかったはずの加藤が、「山を征服」や「敗軍の将」といった言葉を使っていたことに不自然さを感じるのは、きっと私だけではないだろう。

この文章が書かれたのは一九三五（昭和一〇）年七月。約半年後の一九三六（昭和一一）年一月三日、槍ヶ岳肩の小屋を出て風雪の北鎌尾根に向かったふたりは、二度と戻ってくることはなかった。

ヤマケイ文庫の原点「Yama-Kei Classics」

ヤマケイ・クラシックスとは一九九八（平成一〇）年、私がskier編集部から山岳図書編集部へ異動になった際に立ち上げた山の名著シリーズである。当時はいわゆる「日本百名山」ブームの真っ只中で、登山者にとって本といえば主にガイドブックや技術書といった実用書ばかりに目が向けられていた。そんななか、より多くの人に山の良著を読んでほしいという思いで創刊したのが同シリーズであった。

そのなかで最初に出したかったのが加藤文太郎の『単独行』と松濤明の『風雪のビバーク』である。この二冊はすでに二見書房から出版されていたが、私は編集内容に疑問をもっていた。なかでも『単独行』は、加藤文太郎の遺稿を時系列に並べて編集されているように見えるが、最初に登場するのが冬の槍ヶ岳紀行なのである。これはどう考えても不自然だ。朋文堂版でも文末に一九二五・一二と記されているが、これは一九三〇（昭和五）年以降の誤りだろう。

こうした疑問を解決しながら編集し直し、現代の登山者に向けた解説を加えて誕生したのがヤマケイ・クラシックスの『新編 単独行』である。

同シリーズは二〇〇〇（平成一二）年までに計一四冊刊行されたが、翌年、私が『山と溪谷』と『ROCK&SNOW』の編集長に就任するとともに続刊が途絶えていた。しかしその資産は二〇一〇（平成二二）年に創刊されたヤマケイ文庫に受け継がれ、今に続いている。

chapter

2

新編 風雪のビヴァーク

松濤 明

カバー写真＝渡邊 怜

壮絶な手記を残して風雪の北鎌尾根に消えた松濤明

『風雪のビバーク』は、戦前・戦後にかけて数々の初登攀記録を打ち立て、風雪の北鎌尾根に逝った希代のアルピニスト、松濤明の遺稿集である。松濤は一九四九（昭和二四）年一月に、奇しくも加藤文太郎と同じ風雪の槍ヶ岳北鎌尾根で遭難するが、遺体のかたわらで発見された手帳の壮絶な手記が耳目を集めた。そこには遭難に至った経緯が細かに記され、最後には岳友と共に死を受け入れてゆく過程と心情が描かれていた。凍傷に侵され、思うように動かない指先で書かれたカタカナ文字の手記は、読む者の心を激しく揺さぶるにちがいない。

『新編 風雪のビヴァーク』は、一九九九（平成一一）年に山の名著を解説付きで復刻したヤマケイ・クラシックスシリーズの一冊として出版。朋文堂版を底本としながら、遺書については実物の手帳と全ページ照合して記載モレを正し、それまでの朋文堂版、二見書房版で未収録だった論稿なども新たに採用。さらに章ごとに遠藤甲太氏が時代背景の解説を添えて、読者の理解を深める編集方針を採っている。

上高地にて。左から
松濤明、内野常次郎、有元克己

松濤 明　まつなみ・あきら

一九二二（大正一一）年、宮城県仙台市生まれ。旧制府立一中学卒業。中学時代から新進のクライマーとして活躍し、三八（昭和一三）年、東京登歩溪流会に入会。同年、谷川岳一ノ倉沢や穂高岳滝谷などを登り、翌年一二月には滝谷第一尾根の冬季初登攀に成功する。四一（昭和一六）年、東京農業大学に進学し山岳部に入部。四三（昭和一八）年、学徒出陣で入営。四六（昭和二一）年に復員後、八ヶ岳や北岳バットレスなどで数々の記録的登攀を実践する。四八（昭和二三）年一二月、有元克己とともに槍ヶ岳から焼岳の縦走に出発したが、連日の暴風雪のために北鎌尾根にて遭難、死亡。享年二六。

解説＝遠藤甲太　えんどう・こうた

一九四八（昭和二三）年、東京生まれ。詩人・エッセイスト。谷川岳の冬季ルンゼ、海谷山塊の岩壁などの初登攀は約二〇を数える。一九七九（昭和五四）年、カラコラム・ラトック1峰初登頂。日本登攀史の総括に取り組み、二〇〇二（平成一四）年には『目で見る日本登山史』（山と溪谷社）の編集に携わる。著書に『山と死者たち―幻想と現実の間に』（草文社、一九七九年）などがある。

北穂高岳山頂から見た滝谷（写真＝内田 修）

いつのまにか夜になっていた。
行動中は時計を見なかったし、
降雪中でそれとも気づかなかった。
雪はあがって北穂の上に皓々と月が照り、
第二尾根上部が神秘な青い光に輝いている。
そして陰翳の物凄さ——。
月の世界はこんなところかとふと思った。
笠、抜戸の連嶺が月明で淡く浮び、
風もたえて静かな凍ったような夜だった。

『新編 風雪のビヴァーク』「北穂高岳 滝谷第一尾根の冬季初登攀」より

松濤明が残した登攀記録のなかで、特筆すべきもののひとつが一九三九（昭和一四）年の北穂高岳・滝谷第一尾根の冬季初登攀である。「第一尾根」とは名ばかりの、実質的には垂直に近い岩壁を三つ連続させて北穂高岳北峰の頂上に突き上げるこのルートは、滝谷の岩場のなかにおいても特に困難をもって知られ、冬季登攀に成功したものはそれまで誰もいない。松濤はこの年の夏に第一尾根をよりダイレクトに登る登攀ルートを拓いたばかりで、冬季の初登攀も狙っていた。このとき松濤は一七歳（満年齢）。島々の案内人・上條孫人をパートナーに、一二月一六日に入山。二〇日に北穂のコルにテントを設営して二三日、第一尾根に挑んだ。B沢を下って一〇時に登攀開始。夜間登攀を経て同ルートの冬季初登に成功する。

前掲の文は、ルートの中間にあるテラス（T3）で六時間ぶりに腰を下ろして休んだときの印象を綴ったものである。

登攀中に夜を迎えたものの、ビバークの用意もなく、撤退も不可能。その先で困難な垂壁に行き詰まり、一時は絶体絶命となる。ふたりは死に物狂いでハーケンを立て続けに打ち、真っ暗ななかを「暗黒の鬼のように」黙ってひたむきに登り続け、二二時一五分、北穂高岳の頂上に立った。

そのときの様子を、松濤は次のように記している。

「良い月だなあ」
孫人がそう叫んだように思う。
が、それもはっきりは覚えていない。
ホッと一息大きく呼吸すると私達は、
ザイルを引き摺ったまま、
ほの青い月明の山稜をころがるように
テントへかけ下りて行ったのである。

ふたりが転がるように駆け下ったたというテントは、北穂高岳北峰と南峰との鞍部に、鋭い岩峰を背にして張られていた。その岩峰は今、「松濤岩」の名前がつけられてガイドブックにも記されている。

松濤らによる初登攀以後、冬の滝谷第一尾根が再登されるのは、じつに一八年後のことであった。

冬の北鎌尾根にて（写真＝村上正幸）

冷たい月であった。
美しい月、夢幻的な月、いろいろ見た月の中にも、
かつて私はこんなに物寂しい月は見たことがない。
とつぜん激しいノスタルジアが襲ってきた。
家、里が恋しい。
「引き返そうか」
悪魔的な衝動が胸をかすめた。
しかしそれは意地でもできない。
ただこの上は予定の赤石を越えて
一日も早く里へ下りるばかりだ。
滅入った気持を強いて引き立たせて、
雪中に取り散らかされた品々を整頓にかかった。

『新編 風雪のビヴァーク』「春の遠山入り」より

松濤明は垂直の世界のみならず、冬季単独縦走というジャンルにおいても抜きん出た実力を発揮した。一九四〇（昭和一五）年二月には甲斐駒ヶ岳から大岩山を経て日向山まで歩き通し、三月には易老岳から聖岳、赤石岳、さらに悪沢岳への大縦走を成功させている。積雪期に南アルプス南部の三〇〇〇メートル峰を三山続けて、しかも単独で踏破した記録は、おそらくこれが初めてだろう。

当時の松濤は一八歳。わずか三カ月前に穂高岳滝谷で第一尾根の冬季初登攀を成し遂げたばかりで、今度は垂直の世界から一転、一一日間をかけての単独縦走をめざしていたのだった。

このときの紀行文が「春の遠山入り」である。文中、松濤は単独行の不安や迷い、人恋しさに揺れる自分の心情を事細かに吐露している。なかでも、ひとりきりの夜の孤独を綴った次の文章は印象深い。

おお、光が失せてゆく、一日が消えてゆく。同じ山が、光が消えるとどうしてこんなにも重苦しいものに変るのであろう。薄明りの中に巨木が化物のように浮かび出ている。見上げる梢の方は薄暮の中に煙って、その間隙から覗く空

はどんよりと暗い。生温かい風が音もなく吹き寄せて、原始の世のような不気味な静寂、何者とも知れぬ巨きなものがひしひしと押し迫ってくるような感じである。静けさを破るのをはばかるように、そうっと雪を踏み固めてツェルトを被った。

怖ろしい夜であった。さわとも波打たない四辺の空気に、魂が一滴一滴吸い取られてゆくような気がした。この世のものと思われぬこの闇の中に、自分のツェルトのみがほんのりと浮き出ているのかと思うと、たった一本の蝋燭をともしていることすらが無性に怖ろしかった。

前ページに紹介した引用文は、夕食の支度中に不注意から懐炉の燃料をこぼしてしまい、バーナーの火が引火してツェルトを燃やしかけたときのものだ。松濤は目の前に広がった火の海から体を遠ざけるようにしてツェルトごと雪の中を転げ回り、火を消した。

消火後、あたりに散乱する装備を前にたったひとり、茫然と立ち尽くす松濤。そのとき彼を冷たく照らしていたのが、月齢一七の月であった。

昼食後、再びナーゲルをはき、
B沢に入る。
ガスが捲いてきた。
B沢は小滝とガレの連続である。
心配した落石はなかったが、
第二尾根側壁から降ってくる
礫の風を切る音は気味悪かった。
(中略)

北穂高岳滝谷D沢を登る(写真＝萩原浩司)

とつぜん「コンコン」と音がした。
スワ落石、と左手へ逃げたところ、
その石はB沢本流でなく
第一尾根のガリーからやってきて、
関門フェースの上から
迫撃砲弾のような音を立てて、
われわれの頭上へ飛んできた。
一発はMの頭をスレスレにかすめ、
一発はGの背後へ落ち、
他の一発はB沢の真ん中に
ガックリめり込んだ。

『新編 風雪のビヴァーク』「錫杖岳 穂高岳 滝谷登攀」より

井上靖の小説『氷壁』では物語の終盤、滝谷が舞台として登場する。主人公の魚津恭太が登る北穂高岳滝谷は、編集者・安川茂雄のアドバイスを基に描かれたとされているが、その正確な描写には驚かされるばかりだ。一流の作家の手にかかると、見たこともない困難な登攀の様子さえも、これほど忠実に再現できるものなのかと……。

時計の針が一時を示した時、魚津は腰を上げた。草鞋を脱ぎ、靴に履きかえる。これからD沢をつめるわけである。

(中略)

ガスは相変わらず流れたり、切れたりしている。ガスが切れると、右手に迫っている涸沢岳の西尾根と、左手に迫っている第五尾根の、何とも言えない気難しい表情の山容が、少し青味を帯びた色彩で聳(そび)え立っているのが見える。これから踏み込もうとするD沢はこの二つの、それぞれ岩石を積み上げたような巨大な岩山の間に、細く狭く伸びているのである。

(井上 靖『氷壁』より)

ここで前ページの写真を見直してみよう。霧に包まれた滝谷D沢は、『氷壁』の文中に記されているとおり、涸沢岳西尾根と第五尾根の間に挟まれて細く狭く延びている。かつて穂高の名ガイド、上條嘉門次に「飛ぶ鳥も通わぬ」と言わしめ、ガイドブックには「岩の墓場」などと表現されてきた滝谷の、谷底からの景観である。近年は登る人も極めてまれで、ときおり朽ち果てたロープの残骸や、錆びついたハーケンなどを目にすることだけが唯一、ここがかつて多くのクライマーが初登攀を争った地であったことを思い起こさせてくれる。東側に涸沢という明るく開けた圏谷をもちながら、西側には滝谷という深く峻険な谷が刻まれている……それが北穂高岳～涸沢岳間の県境稜線の姿なのだ。

写真内に掲載した文章は、松濤明が一九四八（昭和二三）年一〇月に滝谷B沢から北穂高岳に登ったときの記録である。

松濤は滝谷の出合から雄滝と滑滝を越え、落石の危険に身をさらしながらB沢をつめて北穂高岳山頂に立った。井上靖は『氷壁』を書く際、松濤明のこの滝谷登攀と、次の山行であり最後の山となった槍ヶ岳北鎌尾根の記録を基に、物語の後半を描く構想を練っていたと思われる。

天気の良い秋の日の穂高は底知れぬ井戸のようだ。
おそらくどんな大きな音を立てても、
みな吸い取ってしまうのではないか？
カランカランと秋風が身体の中を吹き抜けて行く。
ひからびて、空ろで、軽い――秋の山だ。
『新編 風雪のビヴァーク』「錫杖岳 穂高岳 滝谷登攀」より

南岳から見た北穂高岳（写真＝萩原浩司）

穂高の秋の様子がしみじみと伝わってくる名文である。大気の透明感がそう感じさせるのか、空の高さのためなのか、一〇月の三〇〇〇メートル峰には、たしかに音のない空虚な世界が広がっている。
松濤は滝谷の登攀後、北穂のコルに這い上がり、北穂高岳頂上に立った。

去年の秋から数えて四度目に、やっと懐かしい北穂の頂を踏んだ。じつに七年振りである。南峰の姿は大分変ったけれども、頂の気分はちょっとも変っていない。頂上の尖い岩も、ガレの広場も（滝谷を登ってくると、いつでもここでザイルを放り出してゴロリと横になったものだ）北尾根のカムも、それから、沈んで行く太陽も——。何もかも懐かしくて、大きな声で何か叫んでみたいような衝動にかられた。

七年ぶりの頂上。それはすなわち、冬の滝谷第一尾根初登攀以来ということになる。この日、松濤とパートナーの権平完は新しく建った北穂高小屋に泊まって小山氏兄弟の歓待を受ける。そして翌日、涸沢岳〜奥穂高岳〜ジャンダルムを越えて天狗沢のコルから岳沢に下り、上高地へと下山する。

「お祭りには戻ってきますよ」——そう言いおいて出た上高地も、もうお祭りはすんでしまっていた。「待っていたに——」とオバサンが残ったご馳走を運んできてくれる。なんだかとても満たされた感じだ。そして囲炉裏の火——。

満ち足りた滝谷登攀の二カ月後、松濤は岳友の有元克己と共に槍ヶ岳・北鎌尾根に向かった。他人のサポートを受けることなく、ふたりきりで厳冬の北鎌尾根を登攀し、さらに穂高連峰から焼岳へとつなげる画期的な岩稜縦走プランである。

しかし、ふたりを待ち受けていたのは予期せぬ悪天候だった。一二月の入山直後には季節外れの豪雨に見舞われ、濡れて凍ったテントを放棄。雪洞を掘ってそのまま縦走を続けるも、ガソリンコンロの調子が悪くなり、ガソリンの直焚きでの炊事を強いられる。そして一瞬の晴れ間のあと、北鎌尾根の核心部を越えて一気に槍ヶ岳をめざそうとしたふたりを襲ったのが、猛烈な風雪であった。

1月4日　フーセツ

天狗のコシカケヨリ　ドッペウヲコエテ

北カマ平ノノボリカヽリデビバーク。

カンキキビシキタメ

有元ハ足ヲオ二度トーショーニヤラレル・

セツドーハ小ク、

ヤ中入口ヲカゼニサラハレ　全身ユキデヌレル・

テング○：（8・15）―ドッペウ（11・00）―小○：（15・30）

厳冬の北鎌尾根（写真＝村上正幸）

1月5日　フーセツ

ＳＮＯＷＨＯＬＥヲ出タトタン全身バリバリニコオル、
手モアイゼンバンドモ凍ッテアイゼンツケラレズ、
ステップカットデヤリマデユカントセシモ
㊒千丈側ニスリップ
上リナホスカナキ
タメ共ニ千丈ヘ下ル、
カラミデモラッセルムネマデ、
15時Ｓ．Ｈ．ヲホル

一九四八（昭和二三）年一二月、松濤明は有元克己とともに画期的な縦走計画に挑んでいた。すなわち北鎌尾根から槍ヶ岳に登り、穂高連峰を縦走して西穂高岳、さらに焼岳へと至る、日本屈指の岩稜の厳冬期縦走である。現代でも上級者向けのバリエーションルートとして知られる北鎌尾根を、気象条件の最も厳しい厳冬期に登り、さらに岩場が連続する穂高連峰の岩稜を縦走する。しかもそれは、事前に食料や燃料を途中の山小屋に荷上げしておいたり、支援部隊からの補給を受けたりすることなく、すべての荷物を自分たちで背負っての計画であった。

一二月二一日、大町から葛温泉に入った松濤は、二二日に湯俣取入口、二三日に北鎌尾根P2まで登り、二四日から二五日にかけてP5まで偵察に行く。二六日、二七日は雨のため停滞。なかでも二七日は激しい雨と風であった。二八日にいったん湯俣まで下り、二九日は休養に充てる。

一二月三〇日、いよいよ北鎌尾根をめざす。天上沢からP2への枝尾根を経て北鎌尾根P2に登り、この日はP3の先へ。三一日はP5を越えてP6でビバーク。年が明けた一九四九（昭和二四）年一月一日、松濤と有元は大風雪のなか、P7を越えて北鎌コルに到達する。新雪が一尺ほど積もり、アイゼンもワカンも効かないなか、全身濡れて冷えきった体で、北鎌のコルに掘った雪洞に潜り込んだ。この日からラジウス（編注：ガソリンコンロ）の調子が悪くなる。翌二日は激しい風雪のために停滞。風雪はますますひどく、上るか下るかの岐路に立つが、夜に星空となり、ラジウスも応急修理ができたので登高を決める。

一月三日、「天狗の腰掛」まで進み、雪洞を掘ってビバーク。日記はこの日まで漢字でしっかり書かれていた。文字がカタカナに変わるのが翌一月四日である。

一月四日、風雪のなか、独標を越えて北鎌平の登りにかかるところでビバーク。連日の風雪のなか、北鎌尾根の核心部である岩稜地帯を越えて頂上まであとひと息のところまで登ってきた。ところが翌五日に悲劇が待っていた。手もアイゼンバンドも凍ってアイゼンをつけられず、ステップカットで頂上をめざすうちに、有元が千丈沢側へスリップしてしまう。登り直すことは困難と見た松濤は、共に千丈沢からの脱出を試みることにする。千丈沢を下り、温泉の湧く湯俣にたどり着くことができれば、きっとなんとか生還できるはずだ……。

しかし、降り続いた雪は容易に下山することを許さなかった。空身でも胸まで潜る深い雪がふたりの前に立ちはだかる。そして運命の一月六日を迎える。

1月6日　フーセツ

全身硬ッテカナシ・
何トカ湯俣迄ト思フモ
有元ヲ捨テルニシノビズ、　死ヲ決ス
オカアサン
アナタノヤサシサニ　タダカンシヤ・
一アシ先ニオトウサンノ所ヘ行キマス。
何ノコーヨウモ出来ズ死ヌツミヲオユルシ下サイ・
ツヨク生キテ下サイ・

燕岳から見た槍ヶ岳北鎌尾根（写真＝萩原浩司）

井上サン
イロイロアリガタウゴザイマシタ
カゾクノコトマタオネガヒ・
手ノユビトーショウデ
思フコトノ千分ノ一モカケズ
モーシワケナシ、
ハハ、オトートヲタノミマス

有元ト死ヲ決シタノガ　6・00
今　14・00　仲々死ネナイ
漸ク腰迄硬直ガキタ、

全シンフルヘ、　有元モＨＥＲＺ、
ソロソロクルシ・
ヒグレト共ニ凡テオハラン・
ユタカ、ヤスシ、タカヲヨ
スマヌ、ユルセ、
ツヨクコーヨウタノム・

（十四頁空白）

サイゴマデ　タヽカフモイノチ、
友ノ辺ニ　スツルモイノチ、
共ニユク・（松ナミ）

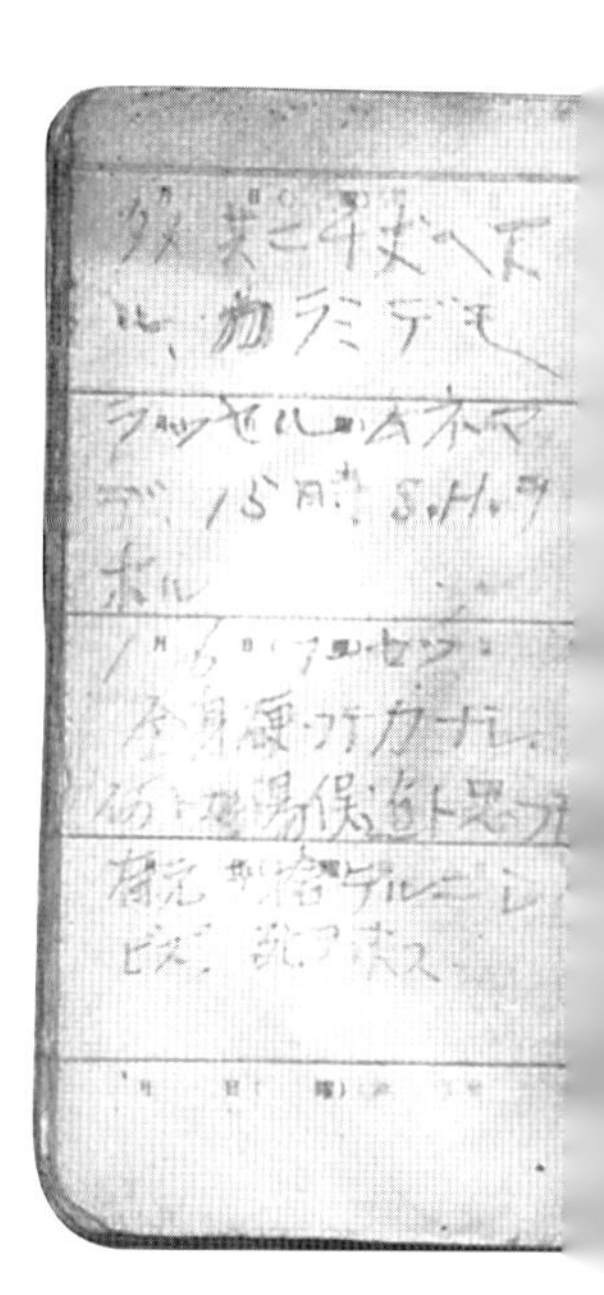

松濤明の手帳（撮影＝萩原浩司）

松濤 明の手帖とピッケル（写真＝萩原浩司）

我々ガ死ンデ　死ガイハ水ニトケ、
ヤガテ海ニ入リ、魚ヲ肥ヤシ、
又人ノ身体ヲ作ル

個人ハカリノ姿　グルグルマソル

松ナミ

松濤明の名を、そして『風雪のビバーク』を有名たらしめた彼の手帳の一文である。北鎌平への登りで有元が千丈沢側へスリップし、登り直す力がないため、共に千丈沢を下り始める。ふたりが生きて帰るには、千丈沢を下り、水俣川の川岸沿いの道を温泉の湧く湯俣まで歩かなければならない。しかし、北鎌尾根の厳しい寒気と強風に痛めつけられたふたりにとって、その道のりはあまりにも遠いものだった。連日、降り続いた雪は「空身でも胸まで」のラッセルとなり、思うように前へ進むことができなかったのだ。

一月六日、松濤は雪洞の中で、ふたり共に生還するのは困難と判断する。このとき、自分だけでも湯俣まで下ることができれば助かるかもしれない……、という思いがなかったわけでもないだろう。しかし松濤は「有元ヲ捨テルニシノビズ」、共に逝くことを決める。松濤は、それまでの行動経過を手帳に克明に記した。行動記録はやがて遺書となり、逍遥として死への旅路につくのだった。凍傷のため自由に動かない指を使って書いたカタカナ文字の遺書には、残された家族への思いや仲間たちへの心遣い、そして、いまわの際に記された彼の死生観が綴られていた。

松濤明、享年二六。稀代の登山家の早すぎた死であった。

遺体と共に見つかったカメラに残されていたフィルムより。左が松濤、右が有元

松濤明の手帳と『新編・風雪のビヴァーク』

現在、松濤明の手帳とピッケルは長野県大町市の市立大町山岳博物館に保存・展示されている。実はこれらが博物館入りする直前の一九九九（平成一一）年四月、私は松濤明の令弟・松濤裕氏からこの手帳をお借りする機会を得た。仏壇の裏で見つけた手帳を公共の施設に寄贈されたいという松濤氏の相談を受け、山と溪谷社が仲介して大町山岳博物館に受け渡すにあたり、私が預かることになったのである。

五〇年の時を経て手にした手帳は、片手にすっぽり入ってしまう小ささだった。そして紙質が粗雑なせいか、とても軽い。にもかかわらず、そこに閉じ込められた得体の知れない時間の重みが手のひらに伝わってきた。

そっと開いてみると、パリパリという小さな音とともに、あの、本で読んだことのある文章が現れた。前半は思いのほかしっかりした筆跡。しかし一月四日を境に、軸のブレたカタカナ文字に変わる。「トーショウデ思フコトノ千分ノ一モカケズ」とあるように、不自由な指先で一文字一文字をなぞった苦闘の跡が、次から次へと目に突き刺さる。

前ページの写真は、会社の地下スタジオで撮影したものである。この日、私は朝までかけて手帳の全ページを複写。それから手記を一文字一文字、丹念に読み合わせ、それまでの『風雪のビバーク』で見逃されていた一文を見つけ出しては加える作業を続けていた。

こうした過程を経て新たに編集し直したものが、『新編 風雪のビヴァーク』なのである。

chapter 3

山と溪谷

田部重治選集

田部重治

山と溪谷
田部重治選集
近藤信行編

Yamakei Library

カバーデザイン＝渡邊 怜

日本の山岳文学を代表する古典的名作『山と溪谷』

『山と溪谷』は、日本アルプスと奥秩父に大きな足跡を残した先駆者・田部重治の代表作である。自然と精神の連関を英文学者の目で見つめ、山行と自己の感情をあるがままに綴った紀行と随想は戦前戦後を通じて広く読まれ、その人生観照の登山姿勢は多くの登山者に影響を与えてきた。なかでも北アルプスの大縦走記録となる「槍ヶ岳より日本海まで」、奥秩父の山と溪谷の魅力をうたい上げた名紀行「笛吹川を溯る」、そして、慶應義塾での講演を記録した「山は如何に私に影響しつつあるか」の三編は、登山者必読の古典といえるだろう。

本書は田部重治の膨大な著作のなかから、田部の先蹤者としての登山と思索の道程に視点を置いて名作を精選。一九一九（大正八）年に刊行された『日本アルプスと秩父巡礼』（北星堂）を増補した第一書房版『山と溪谷』を軸とし、近藤信行氏の監修を経て、山岳紀行文を登山年次に従って配列したものである。

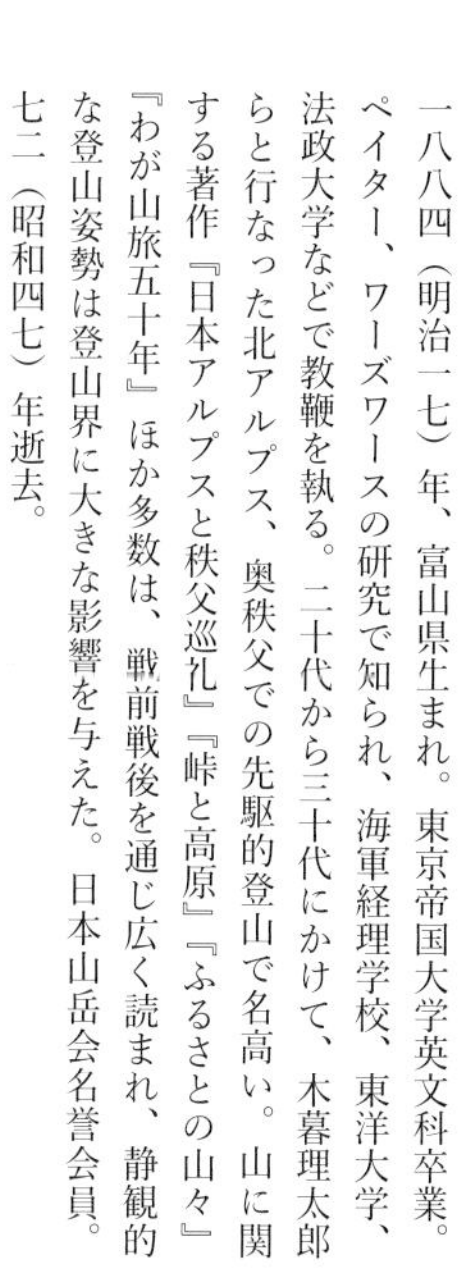

田部重治

たなべ・じゅうじ

一八八四（明治一七）年、富山県生まれ。東京帝国大学英文科卒業。ペイター、ワーズワースの研究で知られ、海軍経理学校、東洋大学、法政大学などで教鞭を執る。二十代から三十代にかけて、木暮理太郎らと行なった北アルプス、奥秩父での先駆的登山で名高い。山に関する著作『日本アルプスと秩父巡礼』『峠と高原』『ふるさとの山々』『わが山旅五十年』ほか多数は、戦前戦後を通じ広く読まれ、静観的な登山姿勢は登山界に大きな影響を与えた。日本山岳会名誉会員。七二（昭和四七）年逝去。

解説＝近藤信行　こんどう・のぶゆき

一九三一（昭和六）年、東京生まれ。学生時代から山に親しむ。早稲田大学大学院仏文科修士課程修了。中央公論社で『中央公論』『婦人公論』などの編集に携わったのち、六九（昭和四四）年、文芸雑誌『海』を創刊し編集長を務める。七六（昭和五一）年に退社して作家活動に入り、七八（昭和五三）年『小島烏水 山の風流使者伝』で大佛次郎賞を受賞。主な編著に『深田久彌・山の文学全集』（朝日新聞社）、『小島烏水全集』（大修館書店）などがある。

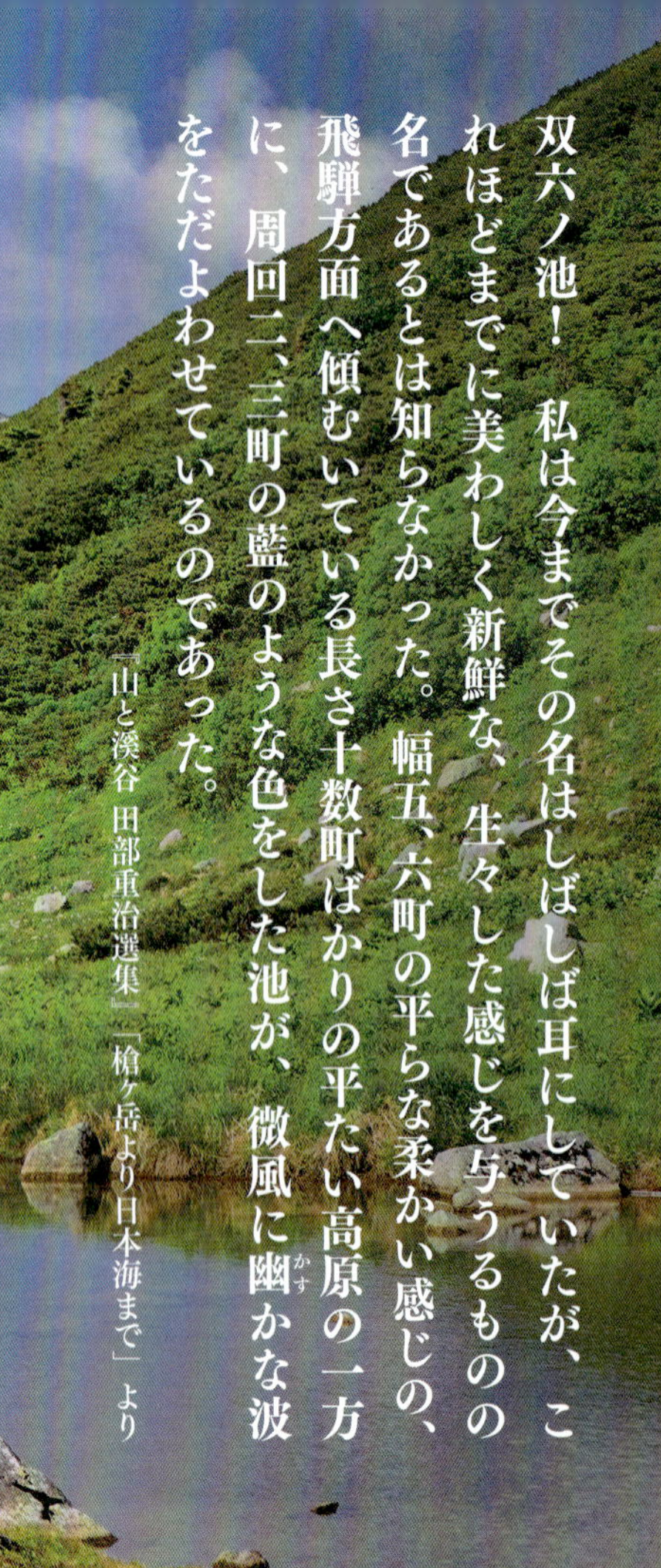

双六ノ池！　私は今までその名はしばしば耳にしていたが、これほどまでに美わしく新鮮な、生々した感じを与うるものの名であるとは知らなかった。幅五、六町の平らな柔かい感じの、飛騨方面へ傾むいている長さ十数町ばかりの平たい高原の一方に、周回二、三町の藍のような色をした池が、微風に幽(かす)かな波をただよわせているのであった。

『山と溪谷　田部重治選集』「槍ヶ岳より日本海まで」より

双六池と笠ヶ岳（写真＝脇田祐裕）

田部重治は一九一六（大正五）年、木暮理太郎と共に、槍ヶ岳から立山までの大縦走をガイドなしでやってのける。そのきっかけとなった山行が一九一二（大正元）年の槍ヶ岳登山であった。

大正になった八月、私は初めて上高地を訪れた。そして伊勢の大北君と共に多年の憧憬（しょうけい）となっていた槍ヶ岳に登攀した。この時私は今まで、通った山々を、初めて人生の長い行路を振りかえるような気持でつくづくと眺めた。そしてこの次ぎは是非、槍ヶ岳から蓮華、黒部五郎、上ノ岳、薬師を経て五色ヶ原に至り、それから日本海までもという願望が油然（ゆうぜん）として起るに至った。

山の頂から遠くの山を見て、「次はあの山に登りたい」と願うのは登山者として当然の発想だろう。田部はこの計画の動機づけとなった山行を振り返り、大縦走に向けての準備を始める。まずは装備の軽量化である。現代のように山小屋が多くない時代なのでテントは必須。そこで専門店の片桐を訪れ、支柱を杖として使えるなどの工夫を凝らしたテントを発注する。近年、ストックを支柱に使ってツェルトを張り、テント代わりにする人が増えてきたが、それと同じ発想だ。

時代を表す装備として興味深いのは、足ごしらえである。経験則から、耐久性を重視して東京出来の固く編んだ草鞋を六足用意した。双六池に至るまでに二足を使い、黒部五郎岳を越えるまでにさらに二足、残りの二足は麻縄で修理しながら大事に履き続けた。食料計画にもこだわりを示し、保存の利く缶詰は重たく、開封後の処理が厄介なので敬遠している。「なるべく辛らい味噌が一番少ない分量で最も役に立つ」と、味噌や鰹節をそろえた上で、三升余りの米を各自が用意した。

こうして縦走の前半、たどり着いたのが前ページの「双六ノ池」である。当初の計画ではさらに足を延ばす予定であったが、田部の希望で一行は池のほとりにテントを張ることにする。田部は「夕暮はあくまで静かで、火は盛（さかん）に燃え、ワカメの味噌汁に御飯が非常に甘（うま）くたべられた」と回想するが、ほかに誰もいない双六池を独占し、焚火を囲んだ夜は、さぞかし愉快であったことだろう。

その後、一行は薬師岳を越えて五色ヶ原に至り、立山温泉へと下る。ここで宇治長次郎を案内人に雇って剱岳に登り、早月川を下ってバンバ島へと下山。さらに歩き続けて日本海岸沿いの町、滑川までの大縦走を完成させるのであった。

見よ、驚くべき笛吹川の神秘！

僅かに開けたと思った川の流域は、擂鉢（すりばち）のようになって、ここから見た川の上流は、驚くべき奇観を呈している。国師から派出されている分脈と鶏冠山の余脈とが深く抱き合ってトンネルを形作り、笛吹川の東沢の全流がその間に圧搾（あっさく）され、それから流れが藍のような凄い色に吐き出されて、大きな釜をなしている。このトンネルがどの位続いているだろうかが分らない。ただ暗い青い水の色が、奥深くに光っている。此処から下流へ下ることも、等しく不可能である。全部見下す限り、流れは絶壁の間で瀞をなし、これが私たちの流れに別れた地点まで連続していることは、想像するに難くない。つまり私たちは全く死の谷に這入り込んだのである。（此処はホラノ貝と称せられていることを後に聞いた。作者）

『山と溪谷　田部重治選集』「笛吹川を溯る」より

ホラノ貝ゴルジュ（写真＝萩原浩司）

田部重治の代表的な著作といえば「笛吹川を溯る」である。奥秩父の渓谷の魅力を紹介した作品は昭和二十年代、高等学校の国語の教科書に採用され、昔から多くの人々に親しまれてきた。

汽車で甲府平を通る人は、誰でも笛吹川の荒涼たる流れの姿を見て、その渾然として潤いに充てる源流の面影や、その人為の跡の入り込んだことのない完全さを、想像し得るものが恐らくはあるまい。

ここから始まる笛吹川東沢の紀行文は、数ある山岳文学のなかでも珠玉の一作といえるだろう。新緑に包まれた麗しい渓谷美と、未知の谷を遡る高揚感が生き生きと描かれ、読み手を奥秩父の深い渓谷へといざなってくれる。

田部は一九一三（大正二）年五月に、中村清太郎、木暮理太郎と共に金峰山から雁坂峠まで奥秩父主脈を縦走した際、尾根ではなく森と渓谷に着目した。

秩父の範囲で最も私たちを惹き付けたのは、鶏冠山の異様なる風姿とその麓に

いやが上に深くくい込んでいる笛吹川（ふえふき）の流域に立ち並ぶ、溶けて滴たりそうな落葉松（からまつ）や白樺の五月の色彩とであった。甲信の国境から巌峰にもたれながらこの風貌を俯瞰（ふかん）した時、私たちの願いは期せずして、いつかは笛吹川の渓谷に分け入りたい、そしてこの谷を溯（さかのぼ）って甲信の国境に攀（よ）じ、さらに信州梓山（あずさやま）に抜けてみたいというのであった。

二年後の一九一五（大正四）年、三人は宿願をかなえるべく笛吹川東沢に分け入った。切り立った岩壁に挟まれた峡谷を高巻き、平らかな花崗岩を滑る流れに足をひたし、瑠璃色の釜を越え、滝を攀じ、河原に焚火をして一夜を過ごす。翌日、さらに遡ると水流は細くなり、やがて瀬音が遠のくと、周囲は深い栂の森となって三人を迎えた。田部は笛吹川の遡行を経て、秩父の山への思いを新たにする。

秩父の山（私たちの考えによる秩父の山）の美はむしろ渓谷にある。そしてこれほど壮絶な、これほど潤いを有する渓谷を、何処に見出すことが出来るだろうか。私たちは秩父に誇るべき一景を加えたことを喜ばずにはいられなかった。

沢登りの夜（写真＝萩原浩司）

私はこう思った。
山に登るということは、
絶対に山に寝ることでなければならない。
山から出たばかりの水を
飲むことでなければならない。
なるべく山の物を
喰わなければならない。
山の嵐をききながら、
その間に焚火（たきび）をしながら、
そこに一夜を経る事でなければならない。
そして山その物と自分というものの存在が
根柢においてしっくり
融け合わなければならないと。

『山と溪谷 田部重治選集』「山は如何に私に影響しつつあるか」より

「山は如何に私に影響しつつあるか」は、一九一九（大正八）年、田部重治が慶應義塾山岳会の第五回大会に招かれたときの講演をまとめたものである。慶應義塾の会報『登高行』に講演の内容が掲載されたのち、第一書房版『山と溪谷』に収録するにあたって文章体にあらためられた。講演のなかで、田部は自分の山に対する感情が、三つの段階に変化してきたことを述べている。

第一は山をあこがれながら山に恐怖を感じた時、第二は山が自己であり自己が山であると感じて、その自己というものの考え方がごく狭い小さな自己を意味していた時、第三には自己は狭い自己を超越した自己であるということを考えるようになった時である。

前ページで紹介した最も有名な一節「山に登るということは、絶対に山に寝ることでなければならない」は、この第二の段階を示したものである。山に一夜を経ることによって、山そのものと自分というものの存在が根底においてしっくり融け合うこと。それによって山に対して感じていた威圧が段々と親しいものへと変わり、

「ついには山が自分の一部であり、自分がまた山の一部であるという風な心持になりかわった」と振り返る。そして田部は第三の段階について次のように語る。

私にはこの両三年前から山に対する趣味が変化をしつつあることが意識されて来た。すなわち登山に経験する内容をもっと静かに味わいたいという要求が非常に勝って来たのである。今までは渓を行き深林を通ることが、ただ頂上あるが故に止むを得ずであったが、今日は、渓谷は渓谷として、深林は深林として価値の対象となってあらわれて来るようになった。

山の頂上に至る過程で出会う渓谷や深林は、決して頂上の付属物などではなく、渓谷は渓谷として、深林は深林としての価値を認め、魅力を見いだして味わう。そして「部分は部分としての山を鑑賞するようになってからは、山のもっている全部に神秘的な力を感じて来た」と田部は述べた。このように奥秩父の森と渓谷の美しさを説き、その価値を認めて自己との融合を求め、静かに山の深みを追求しようとする登山スタイルは「静観的登山」とも評され、登山者の共感を得るようになる。

雑誌『山と溪谷』命名の由来は田部重治の『山と溪谷』にあった

山岳雑誌『山と溪谷』は一九三〇（昭和五）年に創刊。以来、八〇年以上にわたって刊行を続け、二〇一八（平成三〇）年の八月号で通巻一〇〇〇号を迎えるに至った。現存する山岳専門誌のなかでは世界最長寿を誇る。

この雑誌名「山と溪谷」は、創業者であり初代編集長の川崎吉蔵によって発案された。川崎は大学四年のときに一念発起して山の雑誌の創刊を決意。そのときに誌名として思いついたのが田部重治の名著『山と溪谷』である。川崎は、当時、法政大学で教鞭を執っていた田部重治を訪ねて雑誌創刊への想いを語り、雑誌名としての使用の許諾を得る。そして友人の坂野三郎に「山と溪谷」の意匠文字を依頼して表紙に起用。以後、坂野の文字は今日まで一〇〇〇冊以上の表紙を飾ってきたことになる。

その後、川崎は登山界の重鎮たちにも次々と執筆依頼をし、編集作業を進める一方で、雑誌への広告主を求めて営業活動を続ける。川崎には広告収入を得て出版資金に充てるという先見の明があった。さらに書店を回って販売交渉を行ない、刷り上がった『山と溪谷』をリヤカーに載せて都内の書店に届けた。こうして発売された創刊号は瞬く間に売り切れ、雑誌としては異例の重版を果たした。

田部重治の『山と溪谷』を冠した雑誌名は、そのまま社名となり、二〇二〇年、山と溪谷社は創業九〇年を迎えようとしている。

山

大島亮吉紀行集

大島亮吉

カバー写真＝内田 修

chapter

4

ヤマケイ文庫

山 大島亮吉紀行集

Oshima Ryokichi 大島亮吉

Yamakei Library

岩と雪の時代を駆け抜け、前穂北尾根に逝った若きアルピニスト

北アルプスのスキー登山、槍・穂高連峰の積雪期初登頂、北海道の探検的登山、さらには新たな岩場の踏査と、大正後期の日本登山界の「岩と雪の時代」を体現したのが大島亮吉である。精力的に西欧の文献を紹介し、数多くの論考で登山思潮を牽引。その一方で、峠や山村、高原の逍遥を綴った名エッセー・紀行文を残し、多くの登山者に愛されてきた。

本書は一九二八（昭和三）年三月、二九歳で前穂高岳北尾根に逝った若きアルピニストの足跡をたどる選集として編集されている。北アルプスのスキー登山などは当時の最先端の記録であり、「石狩岳より石狩川に沿うて」には地図もあてにならぬ山野での探検的要素が詰まっている。そうかと思うと、峠の逍遥を楽しむエッセーが収められ、さらには、新たな登攀の対象として谷川岳の岩場を紹介する。そしてそうした紀行の間には含蓄のある短文集がまとめられており、読み手の誰もが大島の山への取り組みの深さを実感させせられることだろう。

大島亮吉

おおしま・りょうきち

一八九九（明治三二）年、東京生まれ。一八歳で槇有恒率いる慶應義塾山岳会（現・体育会山岳部）に入り、槍・穂高連峰の積雪期登山やスキー登山、岩登りなど、当時最先鋭の登山に活躍する。西欧の山岳文献多数を翻訳・紹介。雪崩の研究ほか多くの論文を発表する。その一方、北海道の探検的登山や、東北、関東周辺の峠や高原、山村を訪ねる逍遥の旅を愛し、優れたエッセー、紀行文も多い。二八（昭和三）年、前穂高岳北尾根で墜落。二九歳の生涯を閉じる。遺著に『山研究と随想』（岩波書店）、『先蹤者』（梓書房）があり、『大島亮吉全集』（あかね書房）も編まれている。

八ッ峰の頭から見た剱岳北方稜線（写真＝萩原浩司）

道のありがたみを知っているものは、
道のないところを歩いたものだけだ。
『山 大島亮吉紀行集』「小屋・焚火・夢」より

よく考えてみれば当たり前のことなのに、文章として読むと、はっと気づかされることがある。前ページのこの言葉も、そうした類いのものといえるだろう。

＊道のありがたみを知っているものは、道のないところを歩いたものだけだ。

大島亮吉は、穂高連峰の積雪期登山やスキー登山、岩登りなど、当時最先端の登山を実践しながらも、他方では人跡まれな北海道石狩山地の山中を放浪するなど、探検的山歩きも好んで実践していた。「石狩岳より石狩川に沿うて」は、大島亮吉が北海道の山旅を綴った紀行文であり、当時の北海道の、まさに未開の地を探検するような貴重な話が読み取れる。沢を登路に選ぶ北海道の山や、クライミング要素の多い積雪期の北アルプスといった道のないところを歩き、さらには人が行き交う「峠」についての深い論稿を残した大島だからこそ、前述のさりげない言葉は説得力を増す。

大島亮吉の遺稿集『山』には、二つの章に分かれてこのような短文による「断想」が収められている。「小屋・焚火・夢」（『登高行』第五年、一九二四・大正一三年）には四六編、「頂・谷・書斎」（『登高行』第六年、一九二五・大正一四年）では七三編が含まれる。そこには日本の山の四季の魅力のほかに、登山の原理について深い思いをめぐらせた一文が描かれている。たとえば

＊嵐は登山者の厳格な教師だ。
＊単独登山は山登りのうえでの最高の階段である。

などは、登山技術の格言としても十分に意味をもつ内容であろう。また、山と自我を深く見つめた言葉、

＊山。それは自分をはげしく動かす。さながら太陽よりも強く。
＊山はわが心を占む。あたかも信仰のように。

も印象深い。随想や紀行文だけでなく、こうした短文の中に大島の山への思いを読み取るのも、本書の楽しみ方のひとつなのかもしれない。

春の南会津・三岩岳（写真＝萩原浩司）

春に行ってよかった山へは、
秋にもまた行こう。
『山 大島亮吉紀行集』「小屋・焚火・夢」より

＊春に行ってよかった山へは、秋にもまた行こう。

前項に続き、大島の「断想」からの引用である。この単純明快な一文には、つい「ああ、確かにそうだよね」と納得させられてしまうものがある。春の新緑が美しい山は、秋の紅葉も必ず期待に応えてくれるはずだからだ。芽吹いたばかりのライトグリーンの葉に染められた広葉樹の森は、やがて初夏の日差しを浴びて緑の深みを増してゆく。しかし、数カ月もたたぬうちに、緑の葉は赤や黄色に変わって山を彩る。それぞれの季節ごとに味わいの異なる森の魅力を知るには、一度登っただけでは不十分なのだ。

前ページは四月下旬の南会津・三岩岳の写真である。この年は残雪が多く、雪が解けるのを待たずにブナが新芽を広げ、雪の白と新緑との対比が美しかった。中腹ではイワウチワの淡いピンクが道端を彩り、タムシバの白が青空に映えていた。これが一〇月になると、森は黄金色のブナの黄葉に彩られる。黄色は春にはあまり目にすることのない色調であり、新緑のライトグリーンもまた、秋の山では見ることがない。つまり春と秋では、まったく異なった色彩を体験できるものなのだ。

大島は、ほかにも山の四季を賛美する短文を多数、残しているが、とりわけ多いのが秋、それも晩秋の印象だ。

＊インデアン・サンマアというような十一月のある日を、僕は落葉松（からまつ）の林のなかの枯草のうえにねころんで、遠くの雪で光る山頂を眺めて空想していたい。

＊晩秋の峰は徳高き老翁のすがた。なんと気高い、なんと地味な姿で、その銀の高い額（ひたい）をかがやかしているのだろう。

＊落葉のうえを歩く足音ほど、心にひびく音はない。

＊日当りのいい晩秋の枯草の斜面。空想を拾う場所。

＊日当りのいい晩秋の短かい笹原。歩行者にとっての安楽椅子。

＊秋の山上の草原。日はまだあかるい、草もまだ青い、と言ってもどこか鋭い、そしてそれは冷たい。

澄みきった青空と、キリリと冷え込んだ大気。秋、それも晩秋の山々は、登山者にとって空想を拾い、思索を深める絶好の季節といえるのかもしれない。

火のそばをすてて、自分達は岩小屋のなかから外にでた。そしてその前にあった岩にみんなおのずと腰をおろした。冷やかな山上の夜は自分達のうえに大きくかかっていた。晴れきった漆黒の夜空のなかで、星が鱗屑（うろくず）のようにいろいろの色や光をしてきらめいていた。四人とも黙って岩に腰をかけたまま、じっと何かについて思い込んでいたりパイプばかりくわえて黙っていた。けれどもそれはこのような夜の周囲にはほんとにじっくりと合った気分だった。

（中略）

ふと涸沢岳のあの脆い岩壁から岩がひとつ墜ちる音がした。カチーン……カチーン……と岩壁に二、三度打ちあたる音が、夜の沈黙のなかにひびいた。そしてそれがすんでしまうとまたもとのような言いあらわしようもないほどの静かさだった。

そのときだった。ひとりが考えにつかれたかのように、自分達の前にひとつの問いを投げだした。――

「おい、一体山で死ぬっていうことを君たちはどうおもっている。」

『山　大島亮吉紀行集』「涸沢の岩小屋のある夜のこと」より

涸沢の夜（写真＝萩原浩司）

「涸沢の岩小屋のある夜のこと」は、「山での死」について四人の山仲間が論じ合う叙事文である。舞台となる「涸沢の岩小屋」とは、穂高連峰涸沢カールの北西斜面、今の涸沢小屋からザイテングラートに向かう途中の、パノラマコースとの合流点付近にあった岩小屋（天然の岩穴というか庇を利用して造られた泊まり場）のことだ。ここをベースに当時のクライマーたちは穂高の岩登りを楽しんでいた。


「おい、一体山で死ぬっていうことを君たちはどうおもっている。」

「それは山へなんか登ろうって奴の当然出っくわす運命さ。」

「うん、そうか、それじゃぁ山へ登ろうって奴はみんなその運命にいつかは出っくわすんだね。」

「みんなとはかぎりゃしないさ。運のいい奴はそれにであわなくってすんじまうよ。それから山へ登る奴だって、そんな運命なんかに全然逢着（あわ）ないように登ってる奴もあるもの。」


ふたりの会話は、この年の前年（一九二三・大正一二年）一月に、立山の松尾峠で遭難死した板倉勝宣のことを意識してのものだった。「人力の及ぶかぎりの確さをもって地味に、小心に一歩一歩と固めて」いった板倉でさえ、山で命を落とした。
「**そこまでゆけば、あとは運命さ、なんて言ったって俺は運命だと思うよ。**」

話が途切れたあとの、大島の独白。

自分自身の心胸にもそのときはいろいろのことがおもい浮んだ。暗い、後ろめたい思想が自分を悩まし、ある大きな圧力が自分の心を一杯にした。そしてついに山は自分にとってひとつの謎ぶかい吸引力であり、山での死はおそらくその来るときは自分の満足して受けいれらるべき運命のみちびきであるとおもった。

そして彼はこう結論づける。

山での死は決して願うべく、望ましき結果ではなけれ、その来るときは満足して受けいれらるべき悔いのないプレデスティナツィオーン（編注：宿命）であるからだ。

一九二四（大正一三）年の『登高行』にこの叙事文を寄せた大島は、一九二八（昭和三）年三月、前穂北尾根の登攀中に墜落。帰らぬ人となった。

前穂北尾根に消えた大島亮吉

大島亮吉の文章にはしばしばドイツ語の単語が登場し、読者を困らせる。たとえば「小屋・焚火・夢」の中の次の一文は極め付きといえる。

＊Die Beiden は僕にいいフラゲーを与えた。それに解答の与えらるる時はいつくるか。

これでは何のことを言っているのかサッパリわからない、という方も大勢いらっしゃることだろう。そこで、ヤマケイ文庫では大森久雄さんによる注釈を入れてそれを補い、読者の理解を助けるようにしている。

Die Beiden の意味は「ふたりの人」。ドイツの登山家、オスカール・エーリヒ・マイエルの『行為と夢想』に出てくる話である。

険しい岩壁のなかでビバークをすることになった若者が山の声を聞く。「次のふたつの人生のうち、どちらかひとつを自分の運命として選びなさい。たとえ若い命を山で落とすことになっても山登りを続け、高山での充足した生を求めるか、それとも町での長く安定した一生を選んで二度と山に入らないか」

フラゲーとはドイツ語の Frage で、疑問、質問の意味。大島は生前、『行為と夢想』を愛読し翻訳もしていた。

「それに解答の与えらるる時はいつくるか」と書いた大島は前者の生き方を選び、岩場の探索や高峰の雪山登山に身を投じてゆくことになる。そして彼は穂高に消えた。

chapter

5

若き日の山

串田孫一

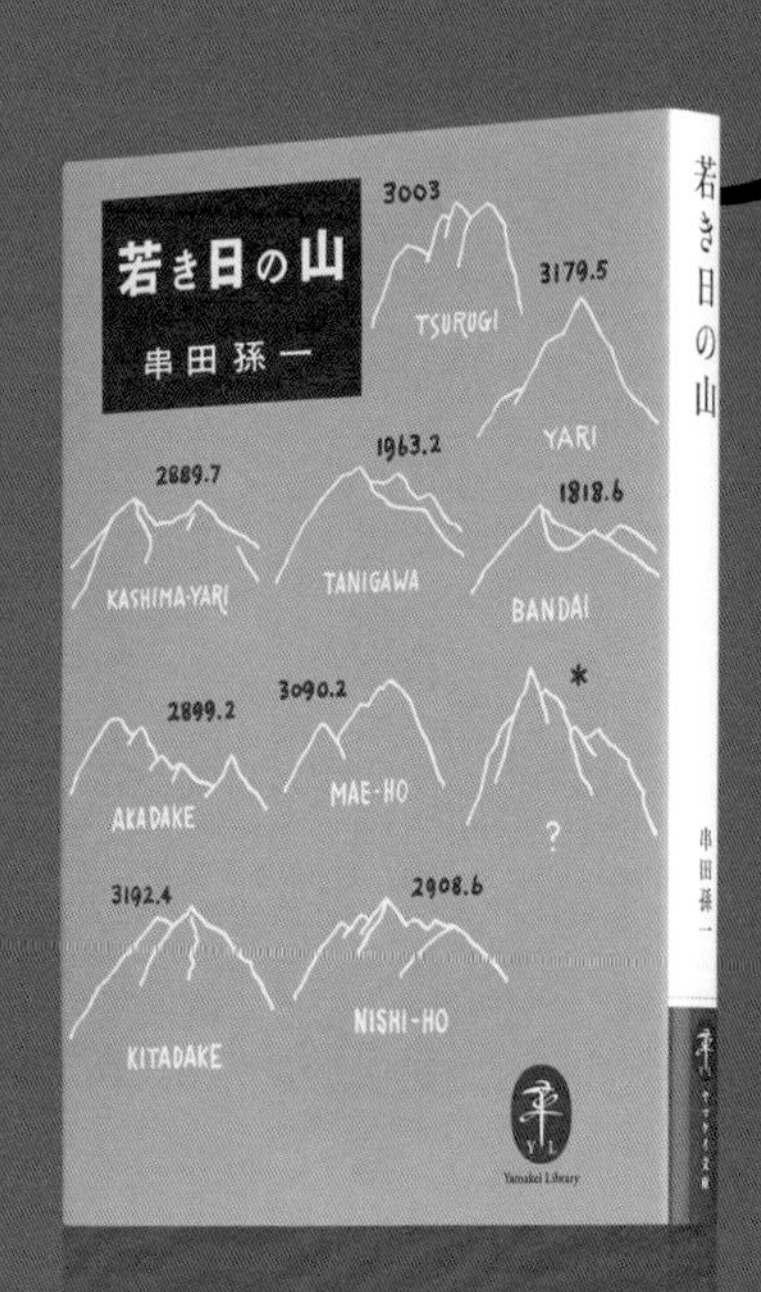

カバー装画＝串田孫一

山の文学に深みを与え、新しい視野を拓いた串田孫一初のエッセー集

『若き日の山』は、思索的な独特の味わいある文章で知られる著者の、山にテーマを求めた初のエッセー集。一九五五（昭和三〇）年に河出書房より刊行され、のちに実業之日本社、集英社文庫版が出されたのち、一九九九（平成一一）年にヤマケイ・クラシックスの一冊として刊行。二〇一七（平成二九）年、装丁を原著に近づけた形でヤマケイ文庫として出版された。

串田孫一は暁星中学に入学した一年生の冬、山形県の五色温泉へのスキー行で槇有恒に登山の基本を学ぶ幸運に恵まれる。その後、東京高校へ入り先鋭的な登山を続け、一九三二（昭和七）年一二月には谷川岳堅炭岩KⅢ峰を冬季初登攀。しかし東京帝国大学哲学科に入学するころから登山はしばし中断。戦時下体制のなか山形県に疎開し、終戦後に東京へ戻ってもう一度登り始めるようになって、三九歳のときにまとめたのが本書である。ひとたび山から遠ざかることによって純化され、結晶した『若き日の山』は、山の文学に新たな地平を開いた。

串田孫一　くしだ・まごいち

一九一五（大正四）年、東京生まれ。東京帝国大学哲学科卒業。中学生のころより登山を始め、谷川岳をはじめとする多くの山々に足跡を残す。四〇（昭和一五）年から上智大学予科などで教鞭を執り、東京外国語大学教授時代は山岳部部長も務めた。五八（昭和三三）年、山の文芸誌『アルプ』を創刊し、八三（昭和五八）年に三〇〇号で終刊するまで責任編集者を務めた。二〇〇五（平成一七）年、八九歳で逝去。著書に『若き日の山』『山のパンセ』（ともにヤマケイ文庫）、『山の断想』（大和書房）、『雲・山・太陽　串田孫一随想集』（講談社文芸文庫）、『串田孫一集』全八巻（筑摩書房）ほか多数がある。哲学者、詩人、エッセイスト。

解説＝三宅 修　みやけ・おさむ

一九三二（昭和七）年、東京生まれ。東京外国語大学卒業後、山の文芸誌『アルプ』責任編集者を経て、六四（昭和三九）年、フリー山岳写真家となる。著書に写真集『山稜玻璃』『穂高 槍』（ともに時事通信社）、『雲をつかむ話』（恒文社）、『裏山の博物誌』（山と溪谷社）、『山岳写真の四季』（共著、東京新聞出版局）など多数。

レンズ雲（写真＝萩原浩司）

すっかり怠け者になってしまったように草に埋まって寝ころんでいると、榛の木の、金貨を振っているような梢をとおして一つの雲の塊が見える。それはイタリア人たちが「風の伯爵夫人（コンテッサ・デル・ヴエント）」と呼んでいる雲にちがいなかった。レンズ状の雲が幾つか重なっているようなもので、どっちにせよ、風の吹き出す前兆であることは確かだったが、その姿は実に美しかった。

『若き日の山』「風の伯爵夫人」より

「風の伯爵夫人」は次の書き出しで始まる。

私は別に疲れていた訳ではなかったが、この数日あまり山へも登りたくなかった。朝日の昇る頃に出発する仲間を送り出してから、パンのかけらか僅かの朝食をたべて、空っぽになった天幕の中にごろごろしているのが気持よかった。

ある天気のよい日、河原に近い林の中の下草に寝転んでいるときに「私」がふと目にしたのが、青空に浮かぶ「風の伯爵夫人（コンテッサ・デル・ヴェント）」であった。

あれは何という名前のコンテッサだろう。白鳥のような豊かな翼を持ちながらそれを殆んどひろげることもなく、孔雀のように長い尾羽を持ちながらそれを他人に見せることもなく、自分の白い衣をまとった姿さえ、私たちの目の前へ見せることの少ないこの風の伯爵夫人は、ほんとうに何という名前なのだろうか。

「私」は、その日の午後、荷物をまとめると短い書き置きを天幕の柱に縛り付けて出発する。川を渡り、森を抜け、それほどの眺望のない道を二時間も三時間も歩く。ランタンを提げて大きな石の重なっている急な谷を登ると周囲に雪の塊が現れ、雪渓が近いことを告げる。風が吹きだす。そして結びの一文。

これがあの風の伯爵夫人を作った風だ。これが彼女の姿を運んで来た風だ。ランタンは吹き消されたが、空は明るかった。

串田さんのエッセーには具体的な地名を示されないことが多い。それは読者に想像の幅を広げさせるという意味をもつが、同時に、場所を詮索させるという俗人の興味も抱かせる。後者に属する私が思うに、これは上高地を舞台に岳沢方面の情景をヒントにして描かれたエッセーだろう。河原に近い林の中のテントサイト、樹林を抜けた先にある雪渓の谷。単純な線で描かれた挿絵も、上高地を連想させる。

まあ、そんな詮索はじつはどうでもいいことで、賢明な読者は純粋に串田文学の世界をじっくりと味わっていただきたい。

当然のこととは言え、思うようには彩られなかった私の過去は既に重く、また重きが故に私は振り返る。遥かなる夕映えの中に、もう希望のみの踊る幻影は見つけにくく、ただそこには去って行ったものの空しさとそれを眺めようとする悲しい追憶があるばかりだ。

私はそれではいけないことを知っている。あの氷の山頂に立って、私はただ振り返ることを奪われた一つの動物のように、前に向って力いっぱい踏張っていたい。よろめく私をささえるものは私以外にないことを知っている筈ではないか。

遠く続く、確かにこの足許から続く純白の山なみや雪原に、私の未来の起伏を感じよう。それは私にとって、今を遅らせればもう再び訪れることのない孤独な洗礼である。

『若き日の山』「孤独な洗礼」より

槍ヶ岳と笠ヶ岳（写真＝内田 修）

何故人は山へ登るのだろう。

ちょっと待って下さい、と私の傍にいた若い山好きの男が私の言葉をさえぎる。そんなことを私たちは自分に問いかけなければならないのでしょうか。私は山へ登りたいとも思いますけれど、それよりも、ただ山の中にいたいのです。よろしい、それならば私はこのことを自分への愚かな問いかけであったことを認めて、恥かしいけれども引込めることにしよう。別に君に問いかけたつもりはなかったのだけれど。

「孤独な洗礼」は、人はなぜ山に登るのか、というテーマを自分に問いかけ、思索の海をさまよう姿を描いたエッセーである。なぜ登るのか、その問いが用意されたきっかけは、最近、自分が昔ほど純粋な気持ちで山へ登ってはいないことが気になったからだ。なぜ、人は好んで雪と氷の岩尾根や岩壁を攀じるのだろうか。

若い日の、数々のこうした登高には、幾分勇壮なたたかいの気分がなくもなく、その末には、征服の熱い歓喜もこみあげて来た。今ここに立つことの出来

た自分を、誇らしく飾るために、頬に突きさざるような強風がうれしかった。しかし今は、私の山での行為に、密かな理由をつけずにはいられなくなった。たといそれが他人には通じかねても、自分だけには納得のゆくような、そういう秘めた理由を。

このあとに前ページの文章が流れ、筆者の思索の旅は続いてゆく。場所は変わって一一月下旬の上高地。筆者は昔を回想しながら、雪深いなかを西穂高岳へ向かう。時間不足で登頂はかなわなかったが、下山中に、ある学校の山岳部の団体に出会った。ひとり遅れて大荷物を背負って歩く新入部員の姿に接した筆者は、心の中で力いっぱい彼を励ます。「このつらい今の辛抱が、必ず君の未来に役立つに違いない」と。そしてふたたび、筆者は思索の旅路へと戻るのだった。

何故人は山へ登るのだろう。何故好んで、氷の岩尾根を登って行こうとするのだろう。この自ら悦んで求める忍苦の行為を人が棄てないうちは、私は人間の尊いねがいを疑わないだろう。

山の文芸誌『アルプ』と串田孫一

一九五八（昭和三三）年、登山界に大きな影響を及ぼすことになるふたつの雑誌が創刊された。ひとつはクライミング評論誌『岩と雪』（山と溪谷社）であり、もうひとつは山の文芸誌『アルプ』（創文社）である。

前者はアルプスやヒマラヤなどの先鋭的な登山を志向する読者に支持され、後者は文学ファンたちの心をつかんだ。登山スタイルの多様化が進むなか、両誌は熱心な読者に支えられて独自の地位を築き、日本のアルピニズムと山岳文化の発展に寄与することになる。

その『アルプ』の中心人物が串田さんであった。哲学者として、詩人として、画家として、随筆家としてマルチに活躍し、数多くの著作を世に出した串田さんは『アルプ』の主幹・編集責任者として、一九八三（昭和五八）年の終刊（通巻三〇〇号）までを世に送り出した。

『アルプ』の編集方針として掲げられたのは「山の自然にたいする人の心の真実にふれた上質の作品を載せる」であった。広告をとらず、コースガイドや山道具解説、登山技術といった実用記事を載せず、ひたすら「山の文芸路線」を貫いた同誌には錚々たる執筆陣が原稿を寄せている。畦地梅太郎の版画が、辻まことの画文が、深田久弥、山口耀久、河田楨、坂本直行らの随想が誌面を飾った。

串田さんの没後、追悼を込めて『アルプ―特集 串田孫一』（山と溪谷社）が刊行された。

chapter 6

山の眼玉

畦地梅太郎

カバー画＝畦地梅太郎

代表的な版画と紀行からなる畦地ワールドの画文集

畦地梅太郎の郷里である愛媛の山々や、奥秩父、北アルプスなどの山行を綴った四七編に及ぶ紀行随想集。文章に合わせて随所に挿絵が入り、絵本としても楽しい画文集になっている。一九五七（昭和三二）年、朋文堂から『山の眼玉』が初めて刊行され、のちに一九八六（昭和六一）年、美術出版社では『山の目玉』と改題されるが、「平凡社ライブラリー」版で再度『山の眼玉』に戻された。「平凡社ライブラリー」版も口絵にカラー八ページを使い、独特な畦地ワールドを再現しているが、本書では畦地梅太郎の作品を代表する「山男シリーズ」など、カラー一六ページで口絵を組み、読者にさらに親近感をもたせる内容になっている。

解説は、畦地梅太郎を師と仰いだ版画家の大谷一良が「平凡社ライブラリー」版に加筆・修正を加え、畦地の背景を描いている。「山男」の画風の変化や、故郷伊予の訛など、畦地梅太郎の素顔を知るための貴重な話は必読といえよう。

畦地梅太郎

あぜち・うめたろう

一九〇二（明治三五）年、愛媛県北宇和島郡（現・宇和島市）生まれ。版画家。二〇（大正九）年、一八歳で上京。油絵の自修期間を経て、二七（昭和二）年、日本創作版画協会展に出品し入選、版画家への道を歩み始める。四〇（昭和一五）年ごろより山を主題にした版画に取りかかり、山男シリーズなど版画作家として独自の世界を確立した。版画作品のほか、山の紀行文も数多く執筆し、多くの版画集、画文集を発表した。九九（平成一一）年、九六歳で逝去。主な版画集に『畦地梅太郎版画集「山男」』（山と溪谷社）、『山男誕生』（創文社）など。画文集には『山の絵本』（日本愛書会）、『12のめるへん』（あとりえう）など多数。

石鎚山を描くには、相対峙する瓶（かめ）ガ森（もり）がよかろうと登ったことがある。ずっと以前のことだから、最近はその様相がずいぶん変っていることだろう。
　里の方は、まだ緑に埋もれていた。登るにつれて、紅葉がはげしく、季節の変化を、一瞬に見しるようで、興味が深かった。山上はすでに、雑木の葉も落ちて、秋もすっかり深いという感じであった。

『山の眼玉』「瓶ガ森山」より

石鎚山から見た瓶ヶ森（写真＝萩原浩司）

瓶ヶ森山からの石鎚山（ヤマケイ文庫『山の眼玉』より）

畔地梅太郎という版画家の名前は知らなくても、作品を見れば「ああ、あのほのぼのとしたイラストの……」と、誰もが思い出すことだろう。

なかでも有名なのが「山男」シリーズである。あるときはライチョウを胸に抱き、あるときはザイルを首にかけ、ときには叫び、ときには横になってくつろぐ「山男」。単純な線で描かれた山男の顔は、表情に乏しいように見えて、黒目がちの大きな目がどことなく人のよさとやさしさを感じさせる。

山男について、本書の解説で版画家の大谷一良さんが次の文章を寄せている。

畦地さんといえば〈山男〉というほどだが、やがて「風景では自分を表現するのに頼りなくなって」、風景が、人物である〈山男〉に移っていく。最初の〈山男〉は、青いセーター姿で煙草とコップをもった男で、一九五三年に生まれた。以後、数多くの〈山男〉が誕生していった。〈山男〉は、畦地さんではないかという、多くの人の疑問に、畦地さんはこう答える。「里の生活から抜け出して山のひとときを楽しんでいる人間の姿、それが〈山男〉じゃと思うてもらえば一番いい」

〈山男〉の作風同様、『山の眼玉』に収められた畦地さんの文章には気取りがなく、ほのぼのとした数々のエピソードが込められている。

「ウドを食う」では、戦後間もなくで物資が乏しいころ、北軽井沢の駅前の食堂で、昼飯はないが晩飯なら用意できると聞いて二人で四人前を注文。空腹のまま浅間山方面を散策し、ウドを見つけてほろ苦い思いでそれを食べた話なのだが、食堂に戻って四人分の晩飯を食べながら「あとまだ二人前も食えたらなあ」などと思ったりする。そこには大きな口を開けて丼をかっこむ二人の挿絵が描かれていて、じつにほほえましい。

「烏川源流を下る」では徒渉中におぼれかけ、「念仏を唱える」では雷雨の襲来を受けて思わず「なんまいだ」を唱えてしまう。四国・瓶ヶ森の山小屋では、気づかなかった部屋に鳴る電話のベルの音に怯え、石鎚山に向かう途中の土小屋ではおばけに恐怖し怖い夢を見る。

あまりにも人間臭く、ほのぼのとした文章は「山男」の版画同様に親しみを感じさせ、読んで、見て、楽しい画文集となっている。

石鎚山と、根強い人気の「山男」シリーズ

畦地梅太郎の一九八五（昭和六〇）年の作品「石鎚山」は、愛媛県県民文化会館サブホールの緞帳の原画として最後に制作された版画である。氷見二千石原の白骨樹を手前に配した作品は独特な色使いと力強い線で描かれ、八三歳の作とはとても思えない。

愛媛県宇和島に生まれた畦地にとって、石鎚山はこころの山であり、数々の作品にその姿を残してきた。一九三八（昭和一三）年の天狗岳に祈りを捧げる人々を描いた作品に始まり、一九四六（昭和二一）年には多彩な色彩で描かれた作品、一九五七（昭和三二）年は「四国の山」として描かれた雪景色の石鎚山、一九七〇（昭和四五）年には山頂を真っ赤に染めた印象的な作品と、時代とともに、作風を変えながら郷里の山を描き続けてきた。

こうした風景画とともに、今の登山者にとって愛着があるのはやはり「山男」シリーズだろう。こちらも五〇年代初期から八〇年代後期の作品まで、時代によって山男の表情や構図、登場する人の数などが変わってくる。一九七〇（昭和四五）年以降は親子、そして家族が描かれることが多くなり、山男のやさしいまなざしは、ますます穏やかさをみせていった。

現在、一部の作品はプリントTシャツとして販売されている。「山男」Tシャツは特に若い女性の間で人気で、それを着る「山女子」は皆、やさしい眼をしている（ような気がする）。

chapter

7

山からの絵本

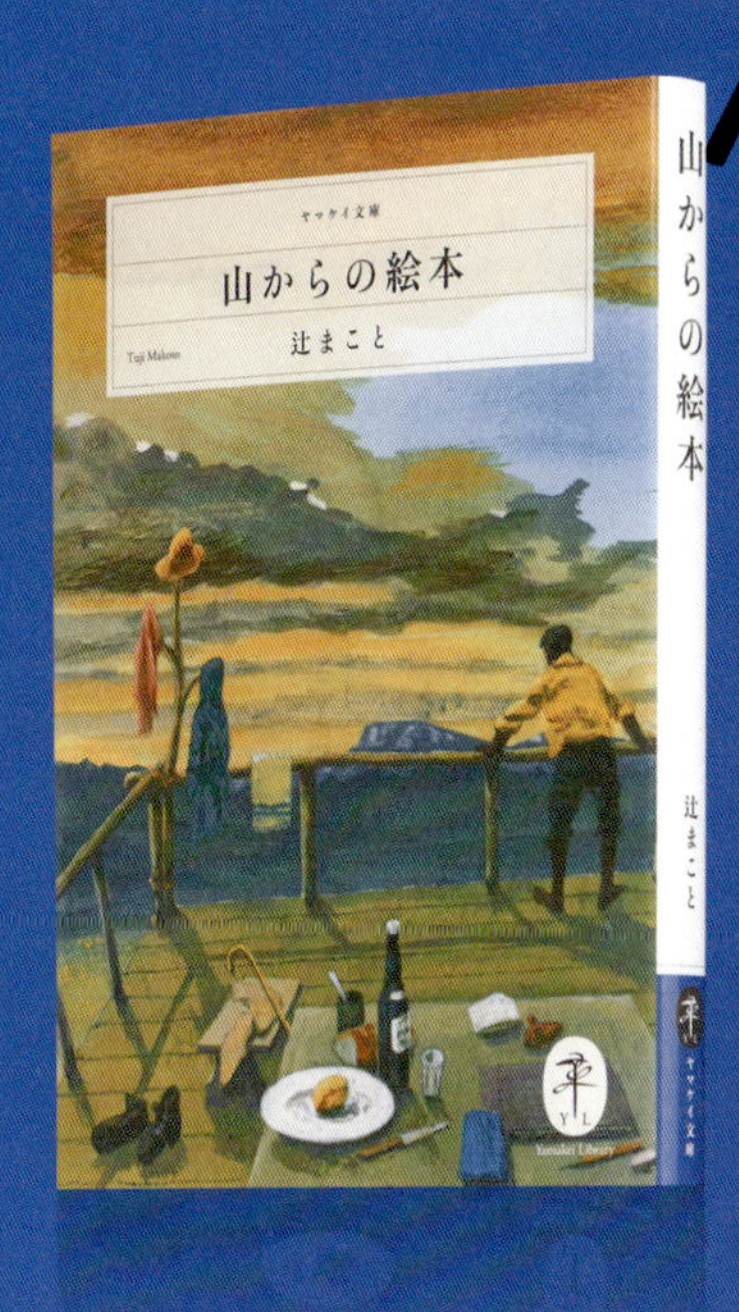

辻まこと

カバー画＝辻 まこと

独特な山の世界を描いた、辻まことの代表的画文集

娘と父のおかしな対話「夏の湖」をはじめ、かつて自身が過ごした西湖畔での共同生活「小屋ぐらし」などを綴った、辻まことの代表的な紀行画文集。辻独特の批評眼をもちながら、山の人々との温かな交流、次々に登場するオカシナ人物や愛すべきケモノたち……。そうした豊かな山の世界に満ちあふれた辻まことワールドが広がる好著だ。

一三編の紀行文に、美しい色刷り挿画十六枚、単色挿画三七枚が収録されており、楽しく豪華な作りになっている。辻には生前、五冊の著作があり、『虫類図譜』に続く二冊目が『山からの絵本』だった。

解説は、辻と親交のあった小谷明が執筆、辻の魅力を引き出してくれた。小谷もまた、写真家であり画家でもあるという多才な人物である。

辻まこと　　つじ・まこと

一九一三（大正二）年、福岡県生まれ。山やスキーをテーマにした画文が多く、画家でありエッセイストでもあった。ダダイストの辻潤を父にもち、幼少年期には、生活力の乏しい父親と放浪生活を送ることもあった。一五歳のとき、父親にともなわれてパリに一年滞在し、帰国後、広告会社に入り絵描きの仕事をする。そのころから山に登り始め、奥鬼怒、会津、信州の山に足しげく通う。五八（昭和三三）年、山の文芸誌『アルプ』に「ツブラ小屋のはなし」を寄稿、以後しばしば同誌に山の画文を発表。主な著書に『山からの絵本』『画文集 山の声』『山で一泊』など。七五（昭和五〇）年、六二歳で逝去。

奥秩父 木賊山にて（写真＝萩原浩司）

もっとじっと動かないで——そうだ、躰がだんだん冷えてきて自分の手足が周囲の樹々の枝や根のようにおもわれてくるまで——鳥の羽音も、枝のすれ合う音もないこの静寂に同化するときまでじっとしていると、不思議なことに自分が森の一部であり、天地全体の脈が自分の血液をも支配しているという大きな生命の実感が湧いてくる。すると突然ある香りが自分を包む。なんだか感覚が遠い森の外れまで、いやもっと遠くまでとどき、霞は自分の吐いた息のように見えてくる。
森の本当の香りは、仙人になって見ないと判らない。

『山からの絵本』「仙人の実験」より

五年まえ突然わが家へはだかでやってきて、以来何十年でも居候をしてやろうといった顔つきで、ずうずうしくも住みこんでいる若い女性が、こういうのだ。

——父親、あなたは画描きさんでしょう。なぜ山へいくときに画を描く道具をもっていかないの？

父と娘の、ユーモアに満ちた対話で始まる辻まことの「夏の湖」は、大人のメルヘンである。巻頭に添えられたカラー挿画の謎解きをするかのように、少々の皮肉を交えながら、娘に対してのユニークな問答がじつに楽しい。

続く「小屋ぐらし」は、西湖の奥まったところに仲間と建てた「ツブラ小屋」での話で、仲間たちや地元民との心温まる交流が描かれる。本の表紙に使われた画はまさにここ、ツブラ小屋のベランダを描いたものだ。そして山の話が出てくるのは次の「秋の彷徨」の章からである。「仙人の実験」は次の一文で始まる。

山中に棲息し霧霞を喰って栄養とし、ミヤモトムサシが出掛けていっても抵抗できないほど強い。白い髯を生やし、ひねくれ曲った杖を突いている爺さ

ん。ボクの知っている仙人はこういった存在だが、この知識はどうも立川文庫からきたものだ。

著者は仙人岳へ登る途中、霞に巻かれる。かまわず森の中へと入り込む。すると、

空気が乾いていて陽の当たっている針葉樹の森は、上等な石鹸の香りがする。はじめての人は、それが森の不変な体臭だと誤解するが、秋の陽の光と熱が森の中ではねかえらないとできない香りなのだ。
薄い絹の布を広げたように、静かに動かない霞の棚の掛かっている森の中、この湿って冷たい空気には香りがない。腰を下してじっとしていると嗅覚でとらえられるものは、自分の汗臭い体臭だけだ。

と続いて前ページの独白へとつながるのだ。そしてこの章はこう結ばれる。

森の本当の香りは、仙人になってみないと判らない。

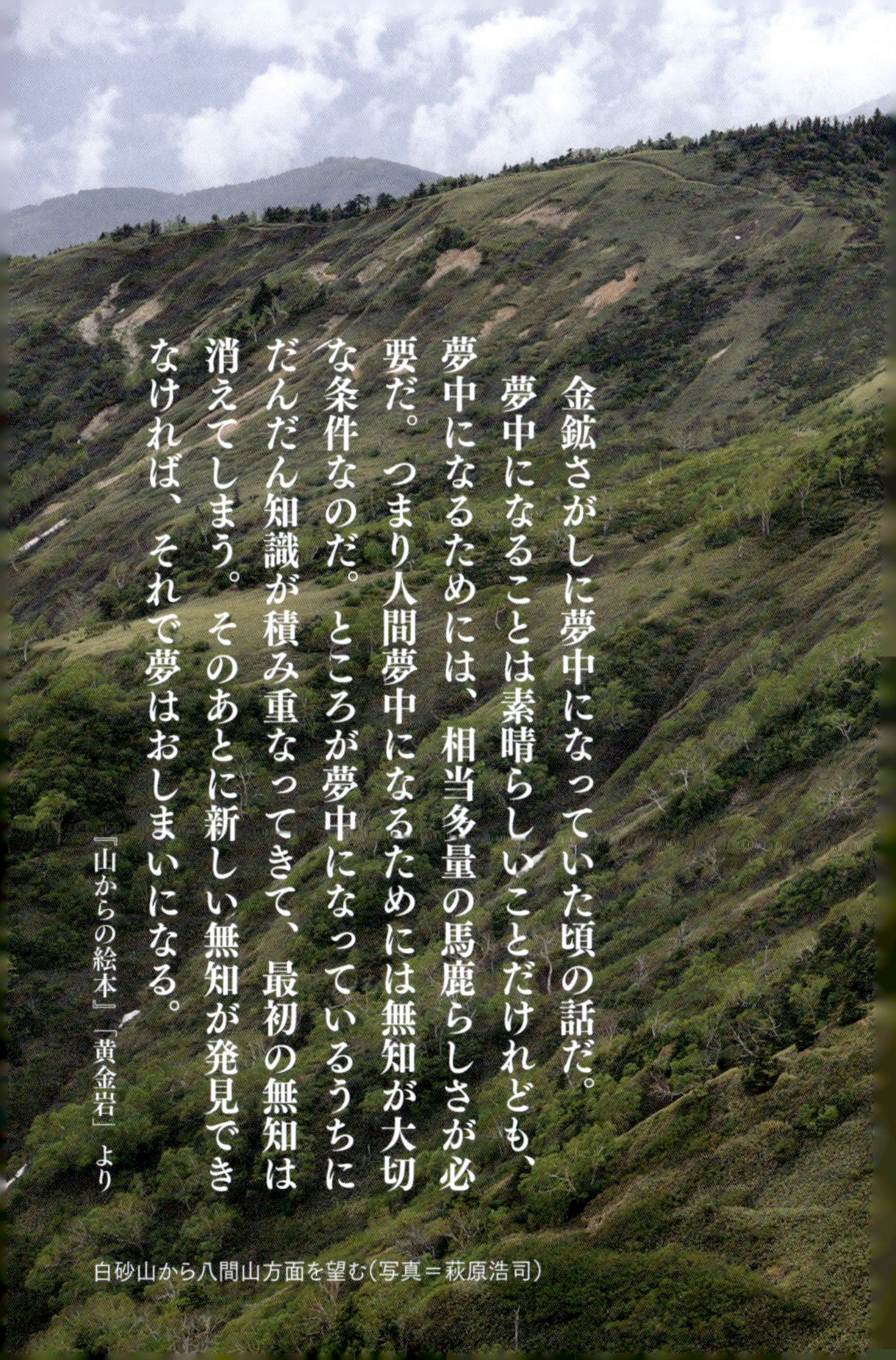

金鉱さがしに夢中になっていた頃の話だ。
夢中になることは素晴らしいことだけれども、夢中になるためには、相当多量の馬鹿らしさが必要だ。つまり人間夢中になるためには無知が大切な条件なのだ。ところが夢中になっているうちにだんだん知識が積み重なってきて、最初の無知は消えてしまう。そのあとに新しい無知が発見できなければ、それで夢はおしまいになる。

『山からの絵本』「黄金岩」より

白砂山から八間山方面を望む（写真＝萩原浩司）

辻には「十分な馬鹿らしさと僅かな資金のもとに出発した素晴らしい事業」のため二年ほど、山に入りびたりの生活を続けた時期があった。そんな辻にとって、山の教師ともいえる男を描いたのが最終章、印象深い書き出しの「ある山の男」だ。

キンサクは背丈が五尺に足らず、体重十三貫半。いかにも風采(ふうさい)のあがらない見掛けだが、自分の体重よりも目方のある荷を担いで、普通の山の人達の倍の速さで歩いた。

辻はキンサクと知り合って数年間、彼に同行して山を歩き、山を学ぶ。

山の中で、キンサクは私にとって得難い教師だった。犬なしで動物を追跡するときとか、月夜の山を灯なしで急ぐときに便利な歩行術、頭を突き出して足もとと遠方とを同視野にいれて歩く猟師の歩き方とか、雨の夜熊笹の中で手さぐりで安眠できる小屋を編むこととか、夜の鉄砲打ちで必ず起こる狙いの誤りとその修整法とか、それまでに私が書物で読んだことも他の人から聞いたこともない智恵をキンサクは持っていて、それを私に授けてくれた。もっとも、その多くは私にとって修得できない難しいことであった。そういう私をキンサクは

多少のあわれみをもってよくいった。

――東京に生まれてよかったなあ、俺みたいに山子になったら一年ももたなかったな、きっと。山登りにくるお客にしちゃ悪くない――

ある日、辻はキンサクとともに鬼怒川沿いの道を下って今市に出る。キンサクは大きな町を見るのは初めてだった。ひとりで散策に出て、さっそく迷子になる。夜になって、街のにぎやかな通りで見つけ出されたキンサクは辻にこう言った。

――山の中にゃどんなにさがしたって同じ形の木は生えちゃいない。一度通ったところなら迷うわけはない。今市の家はみな同じだ。

そこで辻は、彼によく山で言われていた口調をまねて返すのだった。

――キンサクお前は山の中で暮らせてよかったな、街にでてこなければならなかったら、一年ともたないかも知れないぞ――

辻まことは、こうしたやりとりのなかに、さりげない文明批評を潜ませている。ふたりの話は続いてゆくが、自然のなかで生き抜くことを教えてくれたキンサクに対する辻のまなざしは、限りなくやさしい。

『山からの絵本』と今市の思い出

私が『山からの絵本』と出合ったのは小学生のころ、栃木県今市市（現・日光市）にある母の実家であった。毎年、お盆と正月は親戚一同が集まることが恒例になっていて、私は従兄弟たちと男体山に登ったり、日光杉並木や大谷川でトンボや魚を捕まえて遊んだりするのが楽しみだった。雨の日には叔母の部屋で本を読んだ。山好きの叔母の本棚には、北杜夫の『白きたおやかな峰』や深田久弥の『瀟洒なる自然』といった本が並んでいて、ある日、私が『山からの絵本』を読んでいると「これ、今市の話が出てくるのよ。キンサクの話、笑っちゃうから」と教えてくれた。

キンサクは今市の印象をこう語る。

――忙しくて活気があるときいていたが、犬と木は情けないほど元気がない。仏さまみたいにきれいな女がいっぱいいたにはたまげた。しかし二度ともう今市に行きたくはない。クラシシも兎もいないところじゃ俺は自分がクラシシか兎のような気持になる――

純朴な山棲みの男との会話に込めた辻の文明批評は、当時小学生だった私の心にも響いた。同時に「キノコをさがしに行ってクマにおこられた話」や「けものたち」の話は、舞台が今市に近いこともあって親しみ深く、今でもよく読み返す。この本は、山からの「大人の」絵本でもあるのだ。

chapter

8

マッターホルン北壁

小西政継

カバー写真＝西田省三

鉄の意志を持つ男・小西政継の処女作にして最高傑作

本書は著者が二九歳のときに書いた処女作である。初版は山と溪谷社から一九六八（昭和四三）年二月に刊行。のち、中公文庫に収録され、二〇〇〇（平成一二）年三月にはヤマケイ・クラシックスの一冊として、坂下直枝氏の解説を加えて刊行された。ヤマケイ文庫ではそれを底本として二〇一三（平成二五）年に刊行されている。

一九六七（昭和四二）年二月、小西政継率いる山学同志会パーティはマッターホルン北壁の冬季第三登に成功した。厳寒のアルプスに懸けた彼らの熱き想いは、五〇年の時を経た今日でも色あせることはない。

のちにヒマラヤのジャヌー北壁やカンチェンジュンガ北壁を陥し、日本登山界「鉄の時代」の牽引者となった小西政継の原点がここにある。

マッターホルン北壁をバックに
（左から星野隆男、小西政継、遠藤二郎）

小西政継

こにし・まさつぐ

一九三八（昭和一三）年、東京生まれ。一八歳で山学同志会に入会。以後、国内外で先鋭的な登攀活動を続け、冬季マッターホルン北壁第三登、冬季グランドジョラス北壁第三登、ジャヌー北壁初登、カンチェンジュンガ北壁など、時代の先端を行く登攀の数々を記録する。また、日本山岳協会主催のチョゴリ（K2）北稜隊に登攀隊長として参加し、成功に導くなど、常に日本の登山界をリードし続けてきた。一九九六（平成八）年一〇月、マナスル登頂後、下山中に標高七八〇〇m付近で行方不明となる。

夕映えのマッターホルン（写真＝小川清美）

暗闇の沈黙の中に新しい光がさっと射しこむとツェルマットであった。僕はぐっと首の痛くなるほどマッターホルンを仰ぎ見た。夕暮れの沈んだ空間にマッターホルンは天空を鋭く突きさしていた。北壁は暗くゆううつな黒い影をおとし厳然として聳立していた。僕の凝視した目が北壁からとかれた瞬間、僕の顔は笑っていた。確信に満ちた笑いであった。この時、北壁登攀の半分が僕の心の中で終わっていた。

『マッターホルン北壁』「冬のスイスへ」より

山学同志会パーティは一九六七（昭和四二）年一月五日に横浜港を出発。ナホトカからモスクワを経由して一週間後の一月一二日にスイスに入国した。

登山電車に乗り、ツェルマットの町近くのトンネルを抜けた先で、小西は初めてマッターホルンと対峙する。小西はここからマッターホルンが見えることを事前に調べて知っていた。だからこそ、マッターホルンへの第一印象に対して自分がどう反応するのか、いくばくかの不安を抱いていたと記している。だがしかし、それは杞憂にすぎなかった……。マッターホルン北壁を「自分の試練の舞台として観察力のある鋭い目で」見たあと、確信に満ちた笑みを浮かべて「この時、北壁登攀の半分が僕の心の中で終わっていた」と言うのである。アルプス初体験で、いきなり冬のマッターホルン北壁を登ろうという意気込みでツェルマットを訪れた小西の、不遜とも思える自信はいったいどこから来るのだろう。

日本人アルピニストにはまだ未知である冬期アルプス登攀の目標をかかげた僕たちの一九六六年は、すべてこのためのトレーニングと研究にあてられた。冬の間のトレーニングはすべて厳しい風雪の荒れ狂う穂高滝谷で行った。滝谷

を部分的なピッチごとに素手で登ったり、意識的に岩壁でのビバーク回数を多くして耐寒テストも行った。都会生活においても僕は冬の間、短パンとランニングシャツという夏のスタイルで静まりかえった冬の街中を走りまわった。都会とはいえ冬の風は実に冷たい。肌を刺すような痛さを身体に感じ、そこに冷たい深夜のアスファルトを突っ走る僕があった。毎日のトレーニングがどんなにつらくても目標を目指して突き進んでゆく僕の心はなんと豊かであったことか。

小西たちの自信の源は、こうした肉体的トレーニングに加えて精神面のトレーニングを行なったことにある。「厳冬のマッターホルン北壁を登るには、勇気と強靭な体力、鉄の意志、そして自分自身が絶対に登れるんだという強い信念を持つこと、すなわち精神で大北壁を圧倒することが必要であった」とし、自分たちの力を信じ続けた。だからこそ、「夏のアルプスにも登っていないのに、なにが冬のアルプスだ」といった外部の冷ややかな視線もはねのけ、冷静な観察眼のもとに北壁を眺めることができたのである。そして二月三日、三人は北壁登攀の朝を迎える。

僕は登山において、「征服」という言葉は絶対に使わないことにしている。なぜならば山は僕の最も仲のよい、最も厳しい、生活してゆくのになくてはならない無限の力を持つ偉大な父であり、母であるからである。山はけっして征服するものではなく、尊敬と敬意をはらい、その巨大な、美しくも残酷な世界で、アルピニストが生きる喜びを享受させてもらうために登らせてもらうものなのだ。

（中略）

ビバーク中の星野隆男（左）と筆者

山とは金では絶対に買うことのできない偉大な体験と、一人の筋金入りの素晴らしい人間を作るところだ。未知なる山との厳しい試練の積み重ねの中で、人間は勇気、忍耐、不屈の精神力、強靭な肉体を鍛えあげてゆくのである。登山とは、ただこれだけで僕には充分である。
『マッターホルン北壁』より

ツェルマットで初めてマッターホルン北壁と対峙し、不敵なまでの自信をのぞかせた小西だが、下降路となるヘルンリ稜の登攀と北壁の試登は予想外の苦戦となった。想定外のビバークを強いられ、目的は達せられたものの、ヘルンリ小屋に戻り着いたのは四日目の午前二時半。食料も懸垂下降のために使う捨て縄も、すべて使い果たしての下山だった。

三人は五日間の完全休養をとったのち、北壁下部の試登を行なって準備は整った。二月三日、ヘルンリ小屋に向けて出発。四日、いよいよ北壁の登攀に入る。

北壁の登攀開始早々、下部の雪田部で、三人はいきなり落石の洗礼を受けた。急峻な氷の斜面では一歩たりとも避ける動作はできず、唸りを上げて頭をかすめる岩塊をただ、運を天にまかせて見守るしかない。狂暴な嵐が過ぎ、無事を確認した三人はスピードを上げて雪田帯を抜け、小岩壁帯に突入する。日本では味わえない硬いブルーアイスを攻略し、岩壁部を越えて困難なトラバースをしてビバーク。

このとき、小西は致命的なミスを犯してしまう。ビバークのために外したアイゼンを落としてしまうのだ。蒼氷に閉ざされた北壁を、この先、アイゼンなしで登れるのか。そして無事に下降できるのか。自問自答する小西を後押ししてくれたのは、山で失った仲間たちとの心の中の対話であった。小西は「これからの人生への厳しい一つの試練として」、アイゼンなしでの登攀の続行を決める。

足下は止まるところを知らない死の深淵があった。それにしても屹立する大絶壁の真只中を横切ってゆくこのトラバースは豪快そのものであった。僕はぞくぞくするような快感を全身に覚える。

きわどいバランスを保ちながらトラバースをしてゆく。ザイルが六〇メートルのびきったところで僕はようやく肋稜に達した。前方をみると容易な凹状のスラブ、そしてツムット側の垂直の圧倒的な側壁にある唯一の弱点、雪のある岩場が眼前に広がっていた。僕の顔に会心の微笑が浮かぶ。大きな喜びが胸の中にわきあがってきた。僕の北壁登攀の頂点は、北壁を抜けきって絶頂に立った時でもなければ、無事谷間に生還した時でもない。まさにこの瞬間だったのである。

そして一九六七（昭和四二）年二月七日。三人は四四八七メートルの頂に立った。

書き手とつくり手に恵まれた幸せな初版本『マッターホルン北壁』

『マッターホルン北壁』は一九六八（昭和四三）年二月に山と溪谷社から刊行された。函入りの角背ハードカバーで、ケース表には凍てついた岩壁を登るクライマーの写真が使われている。控えめに置かれたタイトル文字が上品なデザインだ。秀逸なアイデアだったのが本のしおり代わりに挟まれたハガキ大の紙のカードで、マッターホルン北壁のイラストと登攀ルート図が印刷されていた。これで読者は、どのページを読んでいても、小西パーティの動きをすぐに確認できるという便利さがあった。

この本の編集を担当したのが、私の大先輩にあたる『山と溪谷』元編集長の岩間正夫である。デザイナーに頼むことなく自分で装丁・レイアウト・編集のすべてを担当し、プロの装丁家をも唸らせる本づくりを行なった。

そして著者の小西さんは、この本が初の著作であった。一読すれば文章力の高さ、ページ展開の巧みさが並のレベルでなかったことが理解できるだろう。ちなみに小西さんと岩間さんの間では、成功するかどうかわからないにもかかわらず、出版前に原稿料を前払いしたという話も聞いた。おおらかな時代だったとはいえ、互いの信頼関係がなければそんなことはできなかったにちがいない。

才能ある著者と優秀な編集者との出会いによって生まれた本書は、つくづく幸せな本であったと思う。

chapter

9

ザイルを結ぶとき

奥山 章

カバー写真＝西田省三

日本のアルピニズムの発展に尽くした奥山章の生涯

本書は、日本のアルピニズムの発展を願い、第二次ＲＣＣを創立するなど、一流クライマーでありながらオーガナイザーとしての手腕を存分に発揮して昭和の登山界を牽引した奥山章の遺稿集である。周囲から「奥山ラッパ」と称され、歯に衣着せぬ論調で投稿された評論や、自らの内面を鋭く描ききった紀行文、海外登山の報告、山からの書簡などがこの一冊にまとめられている。なかでも日本の登攀史に名を残す「北岳バットレス中央稜冬季初登攀」は、所属の異なる五人の精鋭メンバーがパーティを組んで初登攀を果たすという画期的な記録でもある。

巻末に奥山夫人、旧姓芳田美枝子氏による回想「奥山章の死」を収録。一九七二（昭和四七）年七月、エベレスト南西壁の計画が進行するさなか、がんに侵され、それを苦にして四六年の生涯をみずから閉じたアルピニストの情熱的な人生が今、あざやかによみがえる。

奥山 章

おくやま・あきら

一九二六（大正一五）年、東京市小石川区生まれ。官立無線電信講習所卒業。五八（昭和三三）年一月、北岳バットレス中央稜冬季初登攀に成功。このときのザイル仲間とともに、アルピニズムの本質を追求する登山研究グループとして第二次ＲＣＣを結成する。以後、谷川岳一ノ倉沢烏帽子沢奥壁などに冬季初登攀の記録を残し、六九（昭和四四）年にはインド・ヒマラヤのデオ・ティバに登頂。山頂からの滑降をフィルムに収める。七二（昭和四七）年三月、エベレスト遠征を前にして上顎がんに侵されたことが発覚。絶望した果てに、同年七月、みずからの手で四六年の生涯を閉じる。

最高の位置に残された積雪期未登のルート――誰いうとなく、中央稜にはそんなキャッチフレーズがつけられていた。
池山吊尾根から正面に北岳バットレスを仰ぐとき、その広大な岩壁のまんなかに、戦艦の艦首のように張り出した中央稜、その鋼鉄のような岩肌に心を動かされないアルピニストはあるまい。左右に五本の岩稜を従えて三一九二メートルの頂上へダイレクトに突きあげる豪快なフォルム、そこに私は大きな魅力を感じていた。

『ザイルを結ぶとき』「北岳バットレス中央稜」より

北岳バットレス（写真＝宮本宏明）

一九五八（昭和三三）年一月、奥山章は北岳バットレス中央稜の積雪期初登攀に成功する。このときのメンバーは、奥山章（日本山嶺倶楽部）、芳野満彦（アルムクラブ）、甘利仁朗（紫峰山岳会）、吉尾弘（東京朝霧山岳会）、小板橋徹（東京理科大学二部山岳部）の五人。所属は全員がバラバラであった。

それぞれ所属の異なる五人がひとつのパーティを組んで登るという異常なことが、偶然でなく、計画的におこなわれた事実は、当時セクト主義の徒弟的結合によってのみ支えられていた登山グループには、登攀行為よりもむしろメンバー構成のほうが驚きに値したようです。

当時、多くの山岳会では、ほかの会のメンバーと組んで登ることは許されていなかった。そんななか、所属の異なる五人がパーティを組んで、「最高の位置に残された積雪期未登のルート」に成功したのである。登山界に与えた衝撃は大きかった。

そして奥山はこれを機に、さらに一歩進んだ組織をつくろうとする。北岳バットレス中央稜初登攀のわずか三週間後、第二次ＲＣＣを結成させたのである。

ＲＣＣ襲名の提案者は私であり、命名者は深田久弥同人でありました。結成の会は昭和三十三年一月三十一日夜、神楽坂の「ユトリロ」という喫茶店を借りきっておこなわれましたが、当時東京におられた藤木九三さんも御出席になり、「ＲＣＣはすでに過去のものであるから、新しい酒は新しい革袋に……」と、ＲＣＣの名称を継ぐことに反対されたが、深田同人の「ＲＣＣの前衛精神を継承すべし」とのアジテーションによって、第二次ＲＣＣの襲名は満場一致で採択されたのでした。

ちなみにＲＣＣとは「ロック・クライミング・クラブ」の略で、一九二四（大正一三）年に神戸市で創立。その中心人物が藤木九三氏であった。第二次ＲＣＣは、ＲＣＣの前衛精神を受け継ぎ、アルピニズムの本質を追求すべく、「山岳会を横断した登攀研究団体」として活動を始める。国内未登の積雪期バリエーションルートを次々に登り、報告会を行ない、登山セミナーを開き、登山技術書やルート図集『日本の岩場』を刊行。日本のアルピニズムの発展に大きく貢献したのである。

第二次RCCの過激なラッパは鳴りやまない

「奥山ラッパ」という言葉がある。第二次RCCの設立同人として、常に先頭となって組織を牽引し続けてきた奥山章の異名である。

ラッパの音色は辛口だったようだ。たとえば雑誌インタビューでのやりとりでは、日本の山にはもうパイオニアワークの対象となる場はないのか、という記者の質問に対し、

「ペチャンコになった歯磨のチューブは、いくら押しても何も出てこない」

とバッサリ。埋込みボルトを使って既成ルートの隣に新ルートを拓く行為に対しては、

「クソ・アルピニズムというものがある。何でもかでも登山を記録と結びつけなければ、アルピニズムではないと妄信している連中のことだ。登山の記録というものは行為の帰結であって、記録をつくるために行為するものではない。まず山があり、次にその山に対する感動が起こり、それが行動となり、結果において記録を生む。それがアルピニズムなのだ」

この後、パイオニアワークに対する持論を次々に展開するのだが、蛇足として最後にひとこと、皮肉を付け加えるのが彼らしい。

「もし私のいうことを信じ、これに共感を感ずる登山家がいたとすれば、共感した者は、すでにアルピニズムの戦列からはぐれた、もう駄目なアルピニストに違いない。（略）他人の言説に共感を感じるようになったら、アルピニストは堕落したのだ。

アルピニズムとは、狂熱的に孤独を守ることなのだから」

chapter

10

わが愛する山々

深田久弥

カバー写真＝渡邊 怜

『日本百名山』の背景となる山岳紀行の傑作

『日本百名山』執筆中の一九五九（昭和三四）年から一九六二（昭和三七）年の山行を中心に、深田久弥にとって三度目にしてようやく頂を踏むことができた特別な山・雨飾山、ふたりの愉快な友人との朗らかな山行・御座山、そして家族とともに歩いた北海道の山旅など、二三編の紀行を収録。「読み、書き、歩いた」山の文学者の、山への愛情と情熱、そして思索が見事に融合した山の紀行文学の代表作といえる。

一九六一（昭和三六）年に刊行された新潮社版と一九六九（昭和四四）年刊行の新潮文庫版では、収録する山が一部、異なっているが、本書では双方のすべてを収録した。また、解説には雑誌『山と高原』で「日本百名山」の連載を担当された編集者、大森久雄氏のご協力を得た。二二二ページにもわたる解説文「深田久弥 人と作品と山」と、それに続く深田久弥略年譜は資料的価値が高い。

深田久弥　ふかだ・きゅうや

一九〇三（明治三六）年三月一一日、石川県生まれ。第一高等学校を経て東京帝国大学文学部哲学科入学。東大在学中に出版の改造社入社、編集生活を送る。二六歳のとき小説「津軽の野づら」を『新思潮』に発表。戦後は登山・探検関係を中心に執筆活動を続ける。六四（昭和三九）年、『日本百名山』で第一六回読売文学賞（評論・伝記部門）を受賞。ヒマラヤ、シルクロード研究にも力を注ぎ、『ヒマラヤの高峰』『中央アジア探検史』の代表作がある。七一（昭和四六）年三月二一日、茅ヶ岳にて脳卒中で急逝。没後『深田久彌 山の文学全集』一二巻、『深田久弥 山の文庫』六巻など刊行。

解説＝大森久雄　おおもり・ひさお

一九三三（昭和八）年、東京生まれ。早稲田大学文学部仏文学科卒業。朋文堂、実業之日本社などで登山・自然・旅関係の雑誌・書籍の編集に携わったのち、編集・執筆を中心に活動。著書に『本のある山旅』（山と溪谷社）、『山の旅 本の旅』（平凡社）、『山の本 歳時記』（ナカニシヤ出版）、共訳書に、ジャン・コスト『若きアルピニストの魂』、リオネル・テレイ『無償の征服者』（ともに二見書房）がある。

石鎚山天狗岳（写真＝萩原浩司）

私はかねてから「日本百名山」というのを企画している。日本全国から百の名山を選んで、実際にその山に登り、その山の文章を残したいと考えている。選択の標準はいろいろの観点からで、最終の決定はむずかしいが、四国では石鎚(いしづち)山と剣山、この二山はノー文句で私の予定表に入っている。

『わが愛する山々』「剣山」より

深田久弥は、一九五九（昭和三四）年三月から雑誌『山と高原』に「日本百名山」の連載を始めた。毎号二〇〇〇字という制約のなかで、山の名前の由来や歴史を紹介し、山麓に根付く文化を語り、自身の登山経験をちりばめて、見事に山の個性を引き出した。一九六三（昭和三八）年、六〇歳のときに連載が完結。翌一九六四（昭和三九）年に新潮社より『日本百名山』として単行本にまとめられる。以降、同著に紹介された一〇〇の山は多くの登山者たちの目標となり、近年の百名山ブームへとつながってゆくことになる。

深田久弥が一〇〇の名山を選ぶ際に基準として挙げたのが、山の品格、歴史、そして個性であった。『日本百名山』の後記にはこのようなことが書かれている。

その第一は山の品格である。誰が見ても立派な山だと感歎するものでなければならない。高さでは合格しても、凡常な山は採らない。厳しさか強さや美しさか、何か人を打ってくるもののない山は採らない。人間にも人品の高下があるように、山にもそれがある。人格ならぬ山格のある山でなければならない。

（『日本百名山』新潮文庫より）

ここに出てくる人格ならぬ「山格」とは、旧制松山高校教授で松山高校旅行部を指導された北川淳一郎氏がよく使っていたという言葉でもあり、『日本山岳風土記』の「四国山岳縦横」に「すべての山にはそれぞれの個性、すなわち人に人格があるように『山格』がある」と書かれている。そして深田は一九五八（昭和三三）年七月、「日本百名山」の連載が始まる前年に剣山に登り、一〇〇の名山を選ぶにあたって、四国のなかから石鎚山と剣山を「ノー文句」で選んだと本書に記した。

四国という不整長方形の二つの中心、西の石鎚山が山骨隆々として厳父的であるとすれば、東の剣山は豊かなふくらみを持った慈母的と言えよう。しかも双方とも古くから住民の尊崇の的となり、歴史と伝統が山に沁(し)み込んでいる。石鎚は一九八一メートル、剣は一九五五メートル。わずかの差で拮抗(きっこう)しているところも面白い。高山の少ない西日本で、二千メートルに近い標高は尊重するに足る。いずれの点からしても、この二つは名山である。

（「剣山」より）

ついに私は長い憧れの雨飾山の頂に立った。しかも天は隈なく晴れて、秋の午後三時の太陽は、見渡す山々の上に静かな光をおいていた。私はそれらの山々の名前を数えあげて、読者をわずらわすことを差し控えよう。なべての頂に憩いがあった。
『わが愛する山々』「雨飾山」より

雨飾山頂上（写真＝石倉敏之）

山は一度で登ってしまうよりも、何度か登りそこねたあげく、その頂上に立った方が、はるかに心持が深い。雨飾山がそうであった。

深田久弥にとって、雨飾山は特別な山であった。初めて訪れたのは一九四一（昭和一六）年六月。石川県の郷里に墓参した帰り、弟を誘って新潟県の梶山新湯（現・雨飾温泉）から頂上への道を探った。当時の雨飾山には道がなく、ヤブをかき分け、雪渓をたどって頂をめざそうとしたのだが、山は奥深く、努力は徒労に終わる。

二週間後、今度は「連れと二人」で長野県の小谷温泉から頂上をめざした。こちら側からも頂上に向かう道はないと聞き、地元の案内人を雇って準備を整える。ところが宿に着いたその日から天候が崩れ、四日たっても晴れ間が見えない。五日目、ついに登頂を断念して下山の途につくことになる。

三度目の挑戦は、それから戦争をはさんで一六年後のことだった。前回の「連れ」は、今は深田夫人となり、仲間もふたり加わっての山行である。地元の道案内人と共に、快晴のもと、一行五人は大海川の流れを遡った。黒沢を右に分け、荒菅沢に入ると現在の登山道が横切る河原に出る。そのまま沢をつめると深いゴルジュ帯となり、急峻なガレ場を越えてようやく稜線に出る。そこには梶山新湯から拓かれた登山道があり、ひと登りでついに長い憧れの頂に立った。

なべての頂に憩いがあった。梢にはそよとの風もなく、小鳥は森に黙した。待て、しばし、……私たちは頂上に置いてある、風化で磨滅した石の祠（ほこら）と数体の小さな地蔵尊の傍らに身を横たえた。古い石仏は越後の方へ向いていた。日本海を越えて、能登半島まで見渡せた。

「なべての頂に……これはゲーテの詩『旅びとの夜の歌　二』（『漂泊者（さすらいびと）の夜の歌』）の変型借用で一種の本歌取り。」であると、本書の解説に大森久雄さんが書いている。深田久弥はこの詩が好きで、あちこちで借用していたらしい。

雨飾山は、夫人となった志げ子さんと、半年後にヒマラヤに同行することになる山川勇一郎画伯、古原和美ドクターといった仲間とも一緒の山行で、深田久弥にとって特別に思い出深い山となったのである。

御座山遠望(写真＝渡邉 怜)

この頃はどこの山へ行っても人混みでうるさい。誰も行かないような山を探して登るのが、三人の一致した趣味であった。不二さんはこれを避衆登山と呼んでいる。避暑、避寒という言葉があるのだから、避衆があってもよかろうという意見である。

『わが愛する山々』「御座山」より

「御座山（おぐら）」は、ふたりの山仲間と共に秩父の両神山から西へ向かい、いくつもの鄙びた峠を越えて信州の御座山に至る五日間の登山紀行である。

同行する仲間は「彼等は名前の現れることを好まない。さりとてFだのMだの頭文字では感じが出ないから、仮に不二（ふじ）さんと茂知（もち）君と呼んでおこう。」と文中では伏せられているが、ふたりとも銀行の要職に就く著名な登山家で、不二さんは『山に忘れたパイプ』の著者、藤島敏男氏。毒舌家で知られ（本人は毒ではなく薬舌家と称していたらしい）、前ページの「避衆登山」はいかにも彼らしい発想だ。本書では本稿のほかに聖（ひじり）岳の項にも登場し、視界の先に現れた高く美しい山を指して、「あれは富士山とかいう山だそうだ」などと、まっすぐでない言葉を吐く。

茂知君は『遠い山 近い山』の著者の望月達夫氏。本書の笊（ざる）ヶ岳にも登場し、御座山同様、深田久弥とともに人けのない山登りを楽しんでいる。

もちろん深田自身も明らかな「避衆登山派」だ。

私は旋毛（つむじ）まがりではないが、流行の山は嫌いである。雑踏の都会を逃れて雑踏の山へ。そんな趣味があるかもしれないが、私は御免である。混みそうな山へ

は、季節をかえて空いた時に出かける。

（「皇海山」より）

そんな三人が選んだ山なのだから、御座山は静かでいい山であった。秋晴れの日曜にもかかわらず、周りに人はおらず、頂上は三人だけのものとなった。よき仲間と、鄙びた宿と、天候にも恵まれた山行とあって、深田の筆ものびやかに、かろやかに進む。

本書の中で、私の一番のお気に入りの一節を紹介しよう。

「アンリ・ルソーだね」と茂知君が空を見あげながら呟（つぶや）いた。
「税関史（ドアニエ）の雲か」と不二さんが応じる。
いつの間にか、晴れた空に、ラグビーのボールのような大きな雲がポカリと一つ浮いていた。

（「御座山」より）

いつの日か、私もこんなふうに知的でしゃれた会話を山で楽しみたいものだ。

今は亡き父との思い出の山、雨飾山

雨飾山は深田久弥にとって特別な山であったが、私にとっても思い出深い山である。

初登山は一九九二（平成四）年六月。翌年の『山と溪谷』五月号のための取材山行だった。ブナの新緑と温泉をテーマに企画したのだが、依頼していたカメラマンが急に来られなくなり、急きょ、私が撮影を担当することになった。このときは小谷温泉・山田旅館から頂上に登って雨飾温泉へと下山。翌日は再撮影のために頂上へ登り返して小谷温泉に戻った。笹平のハクサンイチゲの群落になごみ、長野県側、新潟県側双方の温泉に癒やされた山行で、このときの写真は『山と溪谷』のカラールポとともに、表紙を飾ることになる（右写真）。

二度目の山行は、同じ年の一〇月一〇日。私が山に登るきっかけを作ってくれた父親の、日本百名山の一〇〇番目の山が雨飾山だということで、お祝いを兼ねて家族で登ることにした。山田旅館のご主人、山田誠司さんと私は旧知の間柄だったこともあり、深田久弥が泊まった部屋を特別に用意していただいた。このとき父は六三歳。私が三二歳で、私の長男が五歳。合わせて一〇〇歳の記念山行でもあった。

深田さんの二度目と同様に雨に飾られたため、母と長男は留守番となったが、無事に登頂。本書執筆中に他界した父とは晩年、劔岳や飯豊連峰などに同行したものだが、そのなかでもこの雨飾山は特別の思い出に彩られている。

chapter

11

タベイさん、頂上だよ

田部井淳子

カバー写真提供＝女子登攀クラブ

女性初のエベレスト登頂者、田部井淳子の最高峰への道

一九七五（昭和五〇）年五月一六日午後一二時三五分。エベレスト日本女子登山隊の副隊長・田部井淳子は、世界最高峰に女性として初めての足跡を記した。那須岳の初登山で山の魅力にふれ、「白い山」に憧れて山岳会の扉をたたき、憑かれたように週末ごとの山行を重ねた青春時代。その後、結婚し、母となってからも夢を追い続け、ついに世界の最高峰、八八四八メートルの頂を極めた。女性初のエベレスト登頂者にして、女性登山者にとってのカリスマ的存在となった田部井淳子が、みずからの半生を綴った初の著作。

本書は、一九七八（昭和五三）年一二月発行『エベレスト・ママさん　山登り半生紀』（山と溪谷社）に、北村節子の解説を加えて編集し直したヤマケイ・クラシックス『エベレストママさん　山登り半生紀』を底本としてタイトル名を変更し、二〇一二（平成二四）年に刊行されたものである。

田部井淳子

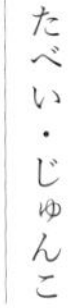

たべい・じゅんこ

一九三九（昭和一四）年、福島県三春町生まれ。昭和女子大英米文学科卒業。大学時代に山登りを始め、龍鳳登高会に入会後、本格的な登攀を始める。七〇（昭和四五）年、女子登攀クラブのアンナプルナ日本女子登山隊に参加し、アンナプルナⅢ峰に登頂。七五（昭和五〇）年春にはエベレスト日本女子登山隊に副隊長として参加、女性で世界初のエベレスト登頂者となる。その後、九一（平成三）年にビンソンマシフ、九二（平成四）年、カルステンツピラミッドなどに登り、女性初の七大陸最高峰登頂者となる。NPO法人日本ヒマラヤン・アドベンチャー・トラスト（HAT-J）代表、NPO法人日本トレッキング協会会長などを務めた。著書に『山を楽しむ』（岩波新書）、『高いところが好き　最高峰に魅せられて』（小学館文庫）、『それでもわたしは山に登る』（文春文庫）、『田部井淳子の実践エイジング登山　いつでも山を』（小学館）、『日本人なら富士山に登ろう！』（アスキー新書）、『田部井淳子の　人生は8合目からがおもしろい』（主婦と生活社）など多数。二〇一六（平成二八）年十月二〇日、腹膜癌のため逝去。

何度もピッケルにもたれては休む。一歩がほんとうに苦しい。しかしこの一歩が必ず終わる時がくると思って歩いた。数歩前を歩いていたサーダーが立ちどまった。

「タベイサン、チョウジョウダヨ」

ゆっくりとザイルを巻きながら足を持ち上げる。その最後の一歩を持ち上げると私はしっかりと頂上に立った。

『タベイさん、頂上だよ』より

エベレスト（写真＝内田良平）

「わぁー、先生、地面が煮たってる、だから水がお湯になっちゃうんだね」

「そうだ。これが温泉だよ」と先生はいった。私はすごいことを知ったような気がした。大発見だった。興奮はまだあった。夏だというのに頂上はすごく寒かったのだ。それに朝日岳も茶臼岳も今まで見た山とはまったく違っていた。形も色もなにもかも違う。自分の肌で感じたこの印象が胸の中に焼きついてはなれなかった。

新しいことを知った驚きは大きく、自分の知らないところがまだたくさんあるのでは……という未知への興味がつのった。

福島県三春町に生まれた田部井淳子は、小学四年生の夏休み、担任の先生に誘われて栃木県・那須岳へのスケッチ山行に出かける。そこで見た情景は、今まで見知った山、頂まで草や木に覆われていた緑の山とはまったく違う風景だった。初めて見た裸の山との出合いは刺激的で、このときの「もっと知らない世界を見てみたい」という思いがその後、彼女を山に向かわせるようになる。

それから二五年後、彼女は結婚し、母となり、国内でも有数のクライマーに育って世界最高峰に挑戦する。そして一九七五（昭和五〇）年五月一六日、田部井淳子はエベレストの頂に立った。女性として世界初のエベレスト登頂である。
本書は、田部井淳子の山との出合いからエベレスト登頂に至るまでを描いた、いわば成功物語であるが、そこに至る過程で起きたさまざまなトラブルや人間関係の対立などをどう乗り越えてきたのか、という点も読みどころのひとつとなっている。エベレストの登山隊員が集まらなくて困っているときに、彼女はこう思った。

〝行きたい!!〟という気があるのなら、どうしてそう出来るように持っていく努力をしないのか。あれもダメだ、これもないと、自分で行かれない条件を作っている。結局は「ほんとうに行こう」という意志がないのだ。私はアンナプルナ以来、ヒマラヤ登山は技術とか体力も必要だが、特に必要なのは「本当にやるんだ!!　行くんだ!!」という意志だと思うようになっていた。

「強い意志を持ち続けることが成功への第一歩」と、彼女は講演のなかで話されていたが、その思いを強くしたのが、エベレスト登山の経験であったようだ。

市毛良枝さんの「人生の師」、田部井淳子さん

田部井淳子さんは、自分の豊富な登山体験を言葉に変えて多くの人に語り続けてきた。市毛良枝さんもその影響を受けたひとりで、自著の中で次のように記している。

「どんな山も一歩一歩なのよ。一歩、一歩、足を前に運びさえすれば、八〇〇〇メートルの山だって登れるのよ」

「やりたいと思ったことはやればできるの。やりたいのにできないと言っている人は、本当にやりたいわけではないのよ」

田部井さんの口からは、気負いもてらいもなくさらさらと言葉が飛び出してきて、ただただ圧倒されるばかりだった。

(『山なんて嫌いだった』市毛良枝著より)

市毛さんは、田部井さんとテレビの取材で知り合い、その後、田部井さんをモデルにした一九九三(平成五)年のテレビドラマ『エベレストママさん』で主役、つまり田部井淳子役を演じた(写真はロケ中のカット)。以来、エベレスト街道をともに歩いたり、冬の安達太良山に登るなど、田部井さんと深い交流を続けてきた。そして田部井さんを「人生の師」と仰ぐようになる。

市毛さんだけでなく、著書や講演などを通じて田部井さんの話に影響を受けた人は多い。じつは私もそのひとりで、ヒマラヤに向けて、激務に追われる私の背中を押してくださったご恩は忘れない。

chapter

12

ミニヤコンカ奇跡の生還

著　松田宏也
構成　徳丸壮也

カバー写真＝阿部幹雄

苦闘一九日。山岳遭難史上、最も酷烈な生還の記録

ミニヤコンカという山は、過去に何人もの運命を奪ってきた。初登頂は古く、一九三二（昭和七）年、アメリカ隊が北西稜から成功しているが、第二登、一九五七（昭和三二）年の中国隊は、頂上を踏んだ三人が下山途中の六八〇〇メートルで猛吹雪に遭って絶壁から転落。一九八〇（昭和五五）年、アメリカ隊が北西稜で雪崩に遭って一人死亡。一九八二（昭和五七）年、スイス隊が北西稜から登頂後、視界不良の中で一人が消息を絶った。そして北海道山岳連盟隊の八人だ。彼ら犠牲者たちは、ミニヤコンカに対してけっして真剣でなかったわけではないだろう。真剣であったからこそ、運命をミニヤコンカに捧げたのだ。その運命を奪ったミニヤコンカが、魔の山だったのだ。（本文より）

中国の高峰ミニヤコンカにひとり残されながら、生と死のはざまを乗り越えて生きて帰ってきた松田宏也。下山を決意してから一九日目に奇跡的に救出されるまでを描いた迫真のドキュメントである。

松田宏也

まつだ・ひろなり

一九五五（昭和三〇）年、大分県佐伯市生まれ。七八（昭和五三）年、同志社大学経済学部卒業。大学時代に山岳同好会に所属し、アラスカ・ヘイズ山遠征などの登山経験を積む。大学卒業後、日本ペイント株式会社に就職。七九（昭和五四）年、市川山岳会に入会。八二（昭和五七）年、同会のミニヤコンカ（中国、七五五六ｍ）遠征に参加し、菅原信隊員とともに頂上に肉薄するも荒天に遭遇。下山を決意してから一九日後に奇跡の生還を果たす。凍傷のために両足、両手指を失うが、約五〇〇日の闘病生活ののちに日本ペイントに復職。九五（平成七）年にはシシャパンマ（中国、八〇二七ｍ）に遠征し、その後、今日に至るまで全国の山とスキーを楽しむ。

構成＝徳丸壮也

とくまる・そうや

一九四七（昭和二二）年、大分市生まれ。六九（昭和四四）年、早稲田大学第一政治経済学部卒業。テレビ番組の企画・構成・制作に携わったのち、作家活動に入る。ノンフィクションや小説など著書多数。主な著書に『熱い魂 12人のチャンピオンたち』（文藝春秋）、『魔力の男 スポーツ界の教祖たち』（ＰＨＰ研究所）などがある。

晴れてくれ。とにかく、晴れてくれ。
神よ、私たちの願いをかなえておくれ。
皆んなの無事下山を祈る。
ミニヤコンカよ、お前へのあこがれを、
天気でむだにしないでくれ。
私たちをお前の頭にほんの数分のっけておくれ。

『ミニヤコンカ奇跡の生還』「神よ、晴れてくれ」より

ハイローコー氷河から見たミニヤコンカ（写真＝阿部幹雄）

神よ、晴れてくれ！

そんな願いもむなしく、山頂を目前に悲劇の幕は切って落とされた。飢え、凍傷、そして仲間の死。ズタズタに傷ついた肉体を引きずりながら、松田宏也は孤独の下山を続ける。

ようやくたどり着いたC2にテントはなく、仲間はすでに引き払ったあとだった。強風にシュラフを奪われ、歩くにつれて二重靴のアウターが脱げてインナーブーツだけになる。やがてそれも失い、靴下のままで歩き続ける。

幻聴を聞く。バイオリンのソロだ。やがてそれはけたたましいロックに変わり、気がつくと周囲は雨に包まれていた。手袋を取ると小指の皮膚が指サックのように脱げ、左右の指、一〇本すべてが真っ黒になっていた。痛みはまったくないが、曲がらない。どの関節も、曲がらない。

氷河に下りる岩壁帯では、凍りついたロープの結び目を一時間かけて歯で噛み解き、肩がらみ懸垂でキリモミのようになって下降する。

そうしてたどり着いたベースキャンプ地には、何も残されていなかった。

腹筋に力を入れた瞬間、僕の体内で、爆発が起こった。激痛が、火山の噴火みたいに、予兆もなく腹の底から噴き出した。

胃穿孔――飲まず食わずでカラッポだった僕の胃袋にポッカリ穴があいたのは、このときだった。

激痛に耐えながら、さらに一歩を出し続ける。平地が近づき、枯れたススキを足元に見る。川の音を聞く。ようやく、流れる水を口にする。中国支援隊ベースキャンプまで、あと一〇〇メートル。その一〇〇メートルが歩けずに、冷たい雨のなか、意識を失う。その翌日、下山を始めて一七日目。雨に打たれ、イグアナのように河原を這って小屋にたどり着いた。人っ子一人いやしない。羽毛服もびしょ濡れで、凍えそうなほど寒いなか、エビになって、寝た。

ガヤガヤガヤガヤ。人の気配がする。「もう歩かなくていいんだよ」。助かったのか？　いや……。見知らぬ人の声は幻聴だった。五月一八日が終わる。

五月一九日。這って川に向かう。水に手を伸ばした瞬間、最後の力が尽きた。砂に顔を埋め、目の玉だけがギョロギョロと動く。そのとき、ピクッと耳が反応した。

足よ手よ、僕はまた登る

松田宏也は下山を開始してから一九日目の五月一九日、ハイローコー氷河末端の川のほとりで、薬草採りに上がってきたイ族の農民親子に発見された。そこから磨西まで一〇〇キロの崖道を、一〇〇人以上の担荷隊によって一昼夜をかけて搬送される。病院に運び込まれたときは、六二キロあった体重が三二キロまで落ちていた。

診断の結果は、双手双足重度Ⅳ凍傷。敗血症。DIC症。厳重脱水。極度消痩。心身衰弱。急性胃穿孔。腹膜炎。肺炎性胸膜炎、肺底呼吸音降低。残余腹腔感染。小腸激性潰瘍出血。腸粘達。不完全性腸梗阻、褥瘡。腹部の切開手術の際、一五分間ほど心臓が止まっていた。

凍傷に侵された手足は、両手の指をすべて切断。両足をくるぶしの上一〇センチで切断。日本に帰ることができたのは七月一二日のことだった。

それから三カ月後、両足に義足が履けるようになり、リハビリの道を歩むようになる。再起に向けての五〇〇日の苦闘は『足よ手よ、僕はまた登る』（山と溪谷社）に描かれる。

松田はその後、義足で丹沢の山を歩き、冬の富士山でトレーニングを重ね、一九九五（平成七）年には小西政継が率いるシシャパンマ登山隊に加わって七四三〇メートルの最終キャンプまで登った。職場にも復帰し、定年まで勤め上げた現在も山に登り続けている。

chapter

13

黄色いテント

田淵行男

カバー写真＝田淵行男

安曇野のナチュラリスト・田淵行男が遺した唯一のエッセー集

山岳写真家として多くの著書を刊行し、また、高山蝶、雪形など博物学的研究に類いまれな業績を残した田淵行男の、唯一のエッセー集。田淵は一九四五（昭和二〇）年から終生を長野県安曇野に暮らし、北アルプスとその山麓の自然を慈しみ、自然研究を続けたことから、「安曇野のナチュラリスト」と呼ばれる。本書は、戦中、戦後から晩年にかけて、日本アルプス、安曇野、浅間山、大雪山などを舞台に、山岳写真、高山蝶、動植物、石、山の不思議な出来事、自然保護、登山風俗、雪形と幅広いテーマを独自の視点で綴ったエッセー集で、一九八五（昭和六〇）年に刊行された実業之日本社版を文庫化したもの。田淵の飽くことのない自然探究の精神、山岳写真への情熱、そして山と自然に対する姿勢、思索が、みずからの言葉で語られる。

徳本峠小屋にて
（写真＝水越 武）

田淵行男

たぶち・ゆきお

一九〇五（明治三八）年、鳥取県黒坂村（現・日野町）生まれ。二八（昭和三）年、東京高等師範学校（現・筑波大学）博物科理科第三部卒業。同年から富山県立射水中学校（現・県立新湊高校）、東京府立女子師範学校（現・東京学芸大学）、東京府立第二高等女学校（現・都立竹早高校）、獨逸学協会中学校（現・獨協高校）で教職に就く。四三（昭和一八）年から日本映画社教育映画部に勤務後、フリー写真家となる。四五（昭和二〇）年、長野県南安曇郡西穂高村（現・安曇野市）牧に疎開。六一（昭和三六）年、豊科町（現・安曇野市）見岳町に転居し、終生を安曇野に暮らす。五一（昭和二六）年、『田淵行男 山岳写真傑作集』（アサヒカメラ臨時増刊）を刊行。山岳写真撮影、高山蝶やアシナガバチの生態研究、雪形研究を続け、三七冊の著作を発表した。七六（昭和五一）年、自然保護思想普及功労賞（環境庁）、八三（昭和五八）年、日本写真協会功労賞など多くの賞を受賞。八四（昭和五九）年、豊科町名誉町民。八九（平成元）年逝去。九〇（平成二）年、安曇野市に田淵行男記念館が開館した。

G-LIGHT

私の山へ求めるものの第一は、静けさ、あるいは疎外感ということが出来る。つまり、山という隔絶の中で、自分を見つめてみたい、ということになり、それを裏返しにいうと、私には静かな山ほど孤独感にすぐれた高級な山といえる。

その意味で、どんなに標高の点で卓越していても、常に人影が蠢(うごめ)いていたり、人声の聞かれる賑やかな山に、私はそれほど惹かれない。別な言い方をすると、私にとって山の魅力は、その隔絶度ということであり、山行の意義は、原始の香り高い無傷な自然に浸ることだと言えると思う。

『黄色いテント』「或る単独行者の独白」より)

独りの夜(写真＝萩原浩司)

黄色というより橙色に近い色調で、蜜柑色と言ったほうが実感に近い。山好きな人には、さらにニッコウキスゲ色と言い直したほうが一段と通りがよいかも知れない。私もそのテントに別の愛称をつけるとすれば、「キスゲ号」としたであろう。

（「黄色いテント 自序に代えて」より）

田淵行男が遺した唯一のエッセー集『黄色いテント』は、こんなふうに始まる。一九四〇（昭和一五）年ごろから使い始めたというこのテントは、田部重治が槍ヶ岳から日本海の大縦走をなしとげたときに発注した店と同じ片桐に作らせたものだ。田淵自身が軽量化と耐風性を考慮して設計し、本書のタイトルにもなった「黄色いテント」はカバー写真にも使われている。ちなみに前ページ写真の黄色いテントは、防水透湿素材を用いた、フライシート不要の現代の名品である。

蒼然と夕闇迫る山中に突如としてひろがるキスゲ色の布片は、巨大な花が咲いたように華やいだ色彩を辺りに撒き散らす。と、同時に、私の心にも希望の花が咲き、やっと山に来たという歓びがこみあげてくるのだった。

田淵行男にとって、キスゲ色のこのテントは「山中生活のかけがえのない拠点となり、カメラワークの基地となり、また山旅の夢を結ぶ安らぎの宿」であった。山岳写真だけでなく、高山蝶の生態研究家としても知られる田淵の業績は、ほかにも植物や動物、雪形の研究と、山の博物学全般にわたり、その守備範囲はあまりにも広い。その取材山行を支えていたのが「黄色いテント」だったのである。

大勢でがやがや歩いていては、例えば鳥の鳴き声ひとつにしても、仲間同士の話声に消されて、耳には届かないし、足元をよぎっていく小さな山の動物たちの姿や足音にも、気づかずに通り過ぎてしまうことが多い。

（「或る単独行者の独白」より）

自然と深く向き合うためには、いきおい、単独行にならざるを得ない。「納得いくまで山が眺められ、気がすむまで道草を食い、好きなだけ山と向い合っていられた」テントでの単独行を田淵行男は好み、多くの作品を後世に残した。

私がこの山にしだいに惹かれていったのは、こうした度重なるこの山の真骨頂ともいうべき噴火の決定的瞬間、最高潮の場面との幸運な数々の出会いに恵まれたからであった。怖いもの見たさ、という一般的な関心も当初働いたことはいなめないが、その根底には自然の脅威というか、底知れぬ営力というか、山の身につけた最も激しく、変化に富み、神秘な営力に圧倒され、魅了されたためであった。

『黄色いテント』「浅間山回想」より

黒斑山から見た浅間山（写真＝萩原浩司）

その頃、私は谷川岳頂上で周囲の展望をカメラに収めていて、山波の一角から急にもくもくと灰黒の煙が盛り上るのに驚かされたことがあった。鈍い爆発音が耳にとどいたのはそれから少し間をおいてからであった。シャッターを押すのも忘れて見つめる浅間の火口周辺に、岩塊が降りそそぎ、みるみる色彩を変えて、その焼石の上げる薄青い煙まではっきりと指摘された。

（「浅間山回想」より）

『黄色いテント』のなかでは「二重山稜を越す蝶」や「山の樹列記」などが、読み応えがあって楽しいところだが、田淵行男自身が「噴火」という決定的瞬間に巡り合った浅間山に関する文章もまた、貴重である。田淵は戦前から何度も浅間山に登っていたが、そのうちの一回は爆発直後の山行で、熱気を帯びた硫化水素ガスを浴びて窒息しそうになりながらも火口壁の一端にたどり着く。しかし下山中に、噴火物の堆積する斜面で何度も転倒して右手に傷を負い、腕時計も失ってしまうのだった。本人も文中で反省しているが、今のように「噴火警戒レベル」といった情報もない時代だからこそできてしまった無謀登山であったといえるだろう。

そして一九七三（昭和四八）年二月一三日、田淵にとって永久に忘れることのできない出来事が起きる。午後五時ごろのこと。信濃追分駅で田淵が列車を待っているときに突然、轟音が鳴り響き、浅間山が噴火したのだ。

私はこの日、火山の最も高揚された場面に対面し、その真骨頂を味得出来たわけで、私のこの山へ対する知見と観照に、一気に例えようもないひろがりと奥行を加えることが出来た。強烈で雄大で、壮麗で凄惨、そして計り知れない大地の活力を誇示したその姿から、撮影意識の上にもまことに骨身にこたえる一喝を受けた思いで、その意味からも、私にとっては一生に二度とはめぐり逢えないであろう幸運なめぐり合わせであったと思われる。

（「浅間にかける四つの輪」より）

自然の脅威、神秘的な営力を目の前にした田淵はその後、浅間山をきめ細かく写し止めることを決意。三重式火山の三つの火口・外輪山に加えた四つ目の視点、裾野を巡る撮影をひとつのテーマとして取り組んでいくようになるのである。

ラッキーフラワー？　山の花の変わりもの

ところで私が目下その執念を傾けて取り組み、蒐集本能とやらをフルにそそぎこんでいるものに、山路のアルビノ探しがある。アルビノというのは自然界に時たま出現するいわゆる白っ子で、動物界にも植物界にも見られる。

（『アルビノ遍歴』より）

田淵行男は「アルビノ遍歴」のなかで、山路で巡り合う「変りもの」を探す楽しみについて書いている。アルビノ（白化）に限らず、黒化、八重咲き、帰先といった変わりものを見つけたときのうれしさは誰の心にもあるはず。私も明神岳の岩場でチシマギキョウの白花を見つけたときはうれしくなり、わざわざルートを外れてロープで確保してもらって撮影したことがあった。

そんな苦労をせずとも、手軽に変わりものを探しやすいのが五月中旬の上高地周辺である。道の左右を埋め尽くすニリンソウの群落をよく観察してみると、緑色の花を見つけることができるはずだ。テレビのロケで、工藤夕貴さん、湊かなえさんとともに蝶ヶ岳をめざしたときは、みんなでミドリ花を探すのに夢中になり、長い時間、道草を食ったものだった。そのときにおふたりが見つけてくださったニリンソウの写真を紹介しよう。

半分、ミドリ

ノーマルな白花

ミドリニリンソウ

chapter

14

垂直の記憶

山野井泰史

カバー写真=山野井泰史

嵐のヒマラヤから奇跡の生還をした山野井泰史の半生

二〇〇二（平成一四）年秋、山野井泰史は、ヒマラヤの難峰ギャチュン・カンに単独登頂後、下降中に嵐につかまり、妻・妙子と共に決死の脱出を試みる。高所でのビバーク、雪崩の襲来、視力の減退、そして食料も登攀具も尽きたなかで、彼らは奇跡的に生還した。この嵐からの生還を機に、初めて自らのクライミングの半生を振り返り、初の八〇〇〇メートル峰登頂やチョ・オユー南西壁でのソロの新境地、世界第二の高峰K２での登頂の喜び、そしてギャチュン・カンの生還など、激しい登攀への思いと未来への夢を綴った再起の物語である。難ルートから挑んだ七つの先鋭的な登山と、両親や結婚など「日常への思い」を章ごとにはさんだ構成になっている。

解説はノンフィクション作家の後藤正治が執筆。氏も山野井の魅力に惹かれたひとりだった。

山野井泰史

やまのい・やすし

一九六五（昭和四〇）年、東京生まれ。単独または少人数で、酸素ボンベを使用せずに難ルートから挑戦し続ける世界的なクライマー。一〇歳から登山を始め、高校卒業後にアメリカへ渡り、ヨセミテ国立公園で数多くのフリークライミングを実践。八八（昭和六三）年にはバフィン島トール西壁、九〇（平成二）年、パタゴニアの峻峰フィッツロイでの冬季単独初登攀を成功させる。九一（平成三）年からヒマラヤをめざし、九四（平成六）年にはチョ・オユー南西壁を単独登攀。二〇〇〇（平成一二）年には世界第二位の高峰K2の南南東リブを単独初登攀。〇二（平成一四）年にはギャチュン・カン北壁登頂後、悪天候のなか奇跡的に生還する。凍傷のため手足の指を計一〇本失うが、その後も登攀を続け、一三（平成二五）年にペルー・アンデスのプスカントゥルパ東峰南東壁を初登攀してピオレドール・アジアを受賞。著書に『垂直の記憶』（ヤマケイ文庫）、『アルピニズムと死』（ヤマケイ新書）がある。

「山野井は運がいいから生き残れたんだ」と人々は言うが、それは決して正しくないと思う。その時その時、計画のなかで自分の技術と体力が、これから向かう山の難しさを突破できるのかいつも悩み、心から登りたいのか考え、実際の登攀中も山からの危険を読み取り、自分の能力を見つめ、そのなかで最高の決断を下してきたつもりである。僕は、誰よりも登攀中は臆病なほど慎重になるし、どんなに天候が悪くても、どんなに脆い岩が出てこようと、一瞬たりとも諦めようと思

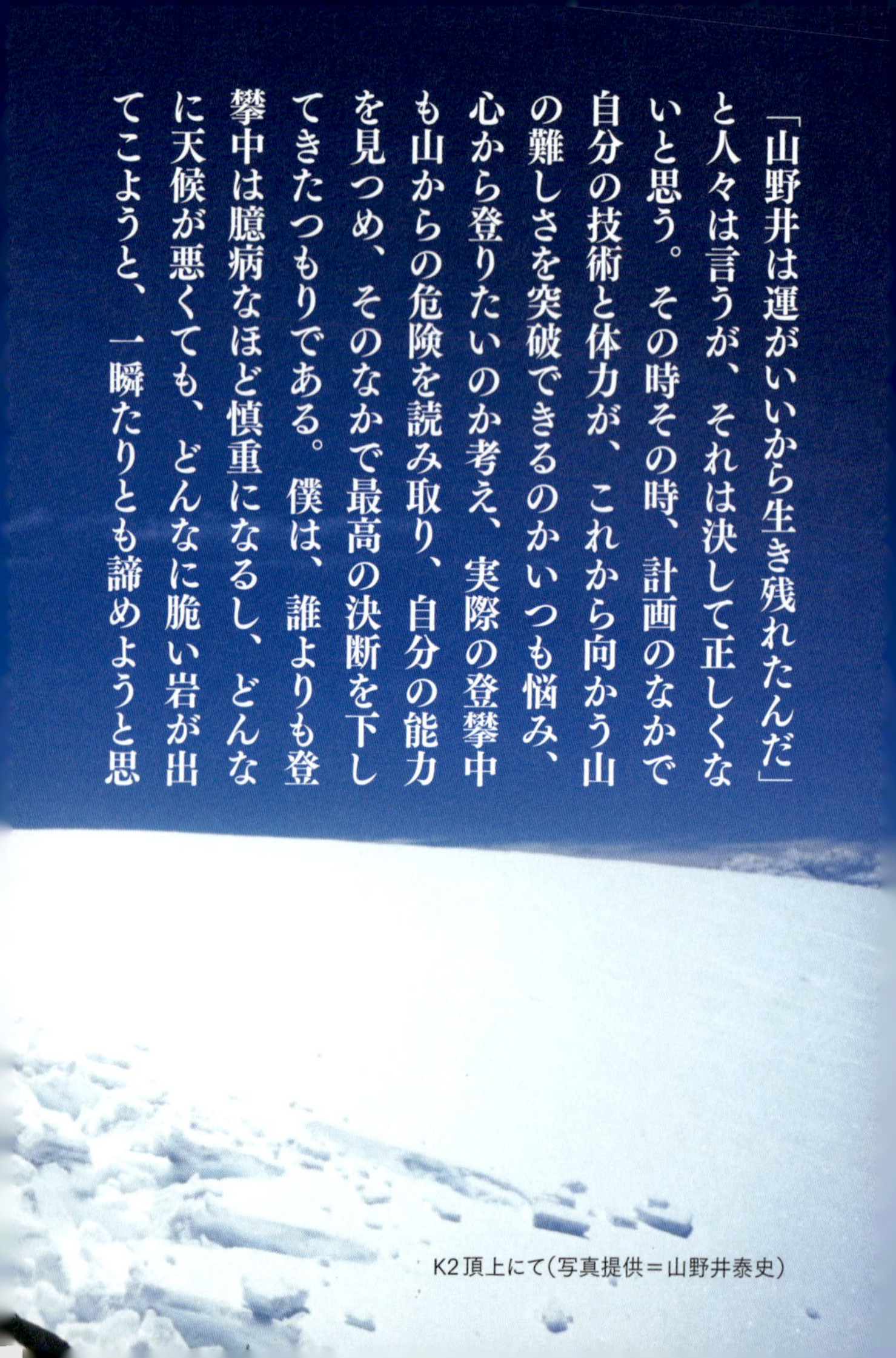

K2頂上にて（写真提供＝山野井泰史）

ったことがない。どんなに限界状況に陥っても、生き延びようとする強い意思を昔から持っていたと思う。たくさんのクライマーを失ったが、僕はこうして生きてきた。

『垂直の記憶』「死の恐怖」より

僕は山を登り始めてから今まで常に、「もっと難しい壁に、もっと厳しい環境で、もっとシンプルなスタイルで」と、自分の限界を押し上げてきたつもりだ。もちろんそれは、誰かに強制されたのでもなく、僕自身が、どうしようもなく限界に挑みたくて仕方なかったからだ。確かに小さなハイキングをしているときも喜びは感じるが、やはり限界ぎりぎりの登攀をしているとき、「生きている」自分を感じられるのだ。

（「ソロの新境地」より）

より厳しい環境にある、より困難な壁に、できるだけシンプルなスタイルで登る。その思想はまさに正統派アルピニズムのめざすところでもある。限界を追い求める過程では、ギリギリのところに強烈な生の実感があり、限界を超えたところには死の罠が待つ。「天国にいちばん近いクライマー」と呼ばれていた山野井の行動は、周りからは限界への挑戦のステップが際立って大きく見えていたのだろう。

十代から国内でいくつものフリーソロを行なっていた山野井は、やがてヨセミテでのビッグウォールと高難度のフリークライミングを経験し、それを一九八七（昭和六二）年のヨーロッパ・アルプス ドリュ西壁フレンチダイレクト単独初登、一九八八（昭和六三）年のバフィン島トール西壁単独初登、一九九〇（平成二）年のパタゴニア冬季フィッツロイの単独初登へとつなげる。辺境の地、酷寒の冬季、といった厳しい環境で、より困難なソロでの初登攀を手中にするのだった。

そして、その後は本書に登場するブロードピーク（八〇四七m）登頂、チョ・オユー（八二〇一m）南西壁新ルート、K2（八六一一m）南南東リブから単独初登と、舞台をヒマラヤに移して活躍。しかし、成功ばかりではない。マカルーでは落石を頭に受け、マナスルでは雪崩に埋まり九死に一生を得る。登山が自然を相手にする以上、どんなに優れたクライマーであっても一〇〇パーセントの安全はありえないのだ。そして「いつか」のことを考えて、山野井はこう書き記した。

いつの日か、僕は山で死ぬかもしれない。死ぬ直前、僕は決して悔やむことはないだろう。一般的には「山は逃げない」と言われるが、チャンスは何度も訪れないし、やはり逃げていくものだと思う。だからこそ、年をとったらできない、今しかできないことを、激しく、そして全力で挑戦してきたつもりだ。

（「山で死んでも許される登山家――死」より）

かりに僕が山で、どんな悲惨な死に方をしても、決して悲しんでほしくないし、また非難してもらいたくもない。登山家は、山で死んではいけないような風潮があるが、山で死んでもよい人間もいる。そのうちの一人が、多分、僕だと思う。これは、僕に許された最高の贅沢かもしれない。
『垂直の記憶』「死んでも許される登山家—死」より

ギャチュン・カン北壁（写真＝山野井泰史）

山野井泰史は、ギャチュン・カン（七九五二m）での脱出行で、両手両足、合わせて一〇本の指を凍傷で失った。それはまさに極限状況からの生還だった。

ギャチュン・カン北壁に取り付いたのは二〇〇二（平成一四）年一〇月六日。標高五九〇〇メートルの台地に設営したテントを出発し、急峻なミックス壁を一六時間の連続行動で七〇〇〇メートルまで登る。翌七日は切り立った氷雪壁と不安定なスラブ状の岩場に苦労し、七五〇〇メートルまで。八日、視界の利かないなか頂上をめざすが、妙子は体調不良のため登頂を断念、泰史ひとりで頂上に立った。このころから天候が急激に悪化する。西から押し寄せる雲が頂上を覆い、風をともなって激しい降雪。ホワイトアウトのなか、泰史は「精も魂も尽き果て」、ようやく妙子の待つテントに戻る。雪は容赦なく降り続き、北壁は雪崩の巣へと変わり始める。

翌九日、一二時間の連続行動をするも、わずか三〇〇メートルしか下れなかった。標高七〇〇〇メートルの氷雪壁での、外傾した一〇センチ足らずのテラスに座ったままでのビバーク。夜中に何度も雪崩に襲われ、ふたりは壁に体を寄せて、たたき落とされないように耐え続けた。

一〇日、下降を始めると、初日に登ったミックス壁を滝のような雪崩が流れていった。自分たちの下降ルートが正解だったとホッとするが、夕暮れ間近にふたりは雪崩をまともにくらう。妙子が雪にさらわれて落下し、宙吊りとなった。ふたりをつなぐロープは岩角で切れかけ、白い芯も半分になっていた。妙子は体を左右に振って氷壁にピッケルを打ち込み、アイゼンを蹴り込んでロープを外す。

泰史はロープを回収して妙子の無事を知るが、そこからの下降にも苦難が待っていた。あたりは闇夜となり、ヘッドランプで行動するうちに、視力が失われているのに気づく。ピトンを打つクラックが見えない。やむなく手袋を外して岩を探り、ピトンを打ち込んで下降のための支点を作った。一五メートルずつ、四時間をかけて妙子のもとへたどり着き、ロープを二重に張って腰を下ろし朝を待つ。

翌一一日、まだ使える二本の指で下降支点を作り、三回の懸垂下降で岩壁帯から脱出。ここからは六〇度近い雪壁を慎重に下って北壁の基部に降り立った。

一二日、ふたりは、最後の力を振り絞ってベースキャンプをめざした。しかし雪が深く、徒歩五時間の距離を歩ききることができない。日は沈み、午前二時に月が隠れ、気温も下がる。着の身着のまま、風を避ける岩陰を探し出してビバーク。

一三日、ふたりは生きていた。生きて帰るための最後の闘いが始まった。

ギャチュン・カン北壁と登攀ルート（赤が登り、青が下り。○はビバーク地点）

ギャチュン・カンを振り返る

ギャチュン・カンの代償はあまりにも大きく、一時は落ち込みそうになった。しかし、ギャチュン・カンを選んだことを誤りだと思ったことはないし、アタックしたことに対しても悔やんではいない。むしろギャチュン・カンに挑戦してよかったと思っているくらいだ。すがすがしい気持ちなのだ。わずかなミスも許されない壁のなか、あれほどの厳しい状況に追い込まれても、びっくりするくらい冷静に判断を下し、自分の能力を最大限に発揮し、行動できたことに喜びさえ感じている。今まで積み上げてきたことに間違いはなかったのだ。

（本書より）

chapter

15

処女峰アンナプルナ

著　モーリス・エルゾーグ

訳　近藤 等

ヒマラヤ初登頂の壮絶なドラマを描いた不朽の名作

一九五〇（昭和二五）年六月五日、モーリス・エルゾーグを隊長とするフランス登山隊は、標高八〇七八メートルのアンナプルナ頂上に人類初の足跡を印した。未知の山域で、幾多の偵察を重ねた上での歓喜の登頂！　北極、南極に続く「第三の極地」と呼ばれるヒマラヤ八〇〇〇メートル峰一四座のなかの最初の登頂となった。

しかし、満足な地図もなく、めざす山の姿さえ見たことのないメンバーたちにとって、登路を探すことが最初の関門となった。頂上への攻撃態勢が整ったのは五月下旬。モンスーンの影響が間近に迫っていた。その結果、遅すぎた登頂の代償として、下山中に嵐につかまり、隊員たちは生死の境をさまようことになる。

本書は、初登頂を支えた隊員たちの友情と、生還に向けての凄惨な脱出行を描いた不朽の名著である。

モーリス・エルゾーグ　Maurice Herzog

一九一九（大正八）年一月一五日、フランスのリヨン市生まれ。幼いころからモン・ブランの麓のシャモニで夏休みを過ごし、一六歳からアルプスを登り始め、ドリュ、グラン・シャルモ、ブラン針峰群の各北壁、ピッツ・バディレ北東壁などのビッグクライムに成功。五〇（昭和二五）年、ヒマラヤ登山隊の隊長に抜擢され、アンナプルナに登頂する。下降中、手足をひどい凍傷に侵されたが、「人生のアンナプルナ」に見事にカムバック。フランス山岳会会長、シャモニ市長、青少年スポーツ大臣、IOC委員を歴任。

訳＝近藤 等　こんどう・ひとし

一九二一（大正一〇）年、京都市生まれ。早稲田大学仏文科卒業。同大名誉教授。『処女峰アンナプルナ』をはじめ、ガストン・レビュファの『星と嵐』、フリゾン・ロッシュの『ザイルのトップ』などを訳し、フランスアルピニズムのエスプリを我が国に紹介。ヨーロッパ・アルプス一二〇余峰登頂。著書も『アルプスの名峰』『星空の北壁』など多数。一九七一（昭和四六）年、シャモニの名誉市民となり、フランス政府よりレジオン・ドヌール勲章を受章する。

アンナプルナ、われわれがなにひとつ報酬がなくても行ったであろうアンナプルナこそ、生涯の残りを生きる宝なのだ。この実現によって、一ページがめくられ……新しい生活がはじまる。

人間の生活には、他のアンナプルナがある……

『処女峰アンナプルナ』より

ダウラギリⅠ峰から見たアンナプルナⅠ峰（写真＝三谷統一郎）

もうすぐ、目的が達成できるのだ。いかなる障害もふたりを引き止めることはできない。おたがいに相談する必要もない。相手の目の中には確固たる決意を読みとるだけだ。左にちょっとそれ、なお数歩……頂上は知らぬまに近づいてくる。本当だろうか？……岩の塊をいくつか避ける。ふたりは、やっとのことで体を持ち上げる。

本当だとも！　烈風がほおを打つ。

ぼくらはいるのだ……アンナプルナの頂上に。

八〇七八メートル！

心から、言い表すことのできない歓喜があふれ出る。

「ああ、みんな！　仲間たちみんなが知ってくれたらなあ！」

みんなが知ってくれたら！

一九五〇（昭和二五）年六月三日、一四時。フランス・ヒマラヤ遠征隊隊長のモーリス・エルゾーグとルイ・ラシュナルは人跡未踏のアンナプルナ山頂に立った。人類として初の八〇〇〇メートル峰の登頂である。

登山隊は初めからアンナプルナをめざしてネパールに入国したわけではなかった。「ダウラギリ、もしくはアンナプルナ。このふたつが不可能な場合にはいくつかのピークを登ってくること」という目標が課されていたのだった。そこで登山隊はダウラギリとアンナプルナ双方に偵察隊を出し、登路を探った。その結果、アンナプルナの北面にルートを見いだし、頂上攻撃に入ったのは五月二三日。モンスーンの来襲まで、残された日はわずか一二日しかない。

シャモニの実力派ガイドである「三銃士」、リオネル・テレイ、ラシュナル、ガストン・レビュファといった強力なメンバーの力を得てルートは着実に延び、ふたりは頂上に立つことができたものの、下山は凄惨を極めることになる。クレバスの中でのビバーク、雪崩、凍傷、雪盲と、あらゆる苦難が隊員たちを待ち構えていた。そしてようやくベースキャンプに降り立ったエルゾーグとラシュナルは、登頂の代償として、手足の指を凍傷で失わなければならなかった。帰途、「ぼくはもうアイガーをやりに行けないんだ」と悲しむエルゾーグは最後に次の言葉を残した。

「人間の生活には、他のアンナプルナがある……」

アンナプルナの北と南

八〇〇〇メートル峰一四座のなかで、アンナプルナは標高では一〇番目の八〇九一メートルとさほどではないが、登頂者は最も少ない。それはルートの危険性と困難性に起因している。フランス隊の北面初登ルートは近年、雪崩の危険性のために敬遠され、南面は急峻な壁となり、高所での高い登攀能力が要求されるからだ。

初登頂後も、一九七〇（昭和四五）年にはイギリス隊が南壁を初登攀して「ヒマラヤ鉄の時代」の幕を開け、二〇一三（平成二五）年にはスイスのウエリ・シュテック（故人）が単独で、南壁の新ルートを二八時間という短時間で登攀。時代の最先端をゆく記録が何度もこの山で生まれている。

赤線はウエリ・シュテックの
南壁新ルート

赤線はフランス隊の
北面初登ルート

chapter

16

星と嵐

著　ガストン・レビュファ
訳　近藤 等

カバー写真＝レビュファ・コレクション

「山の詩人」が残した詩情あふれる珠玉の登攀紀行

本書は一九四五(昭和二〇)年から一九五二(昭和二七)年にかけて、アルプスの困難な「六つの北壁」を登攀したガストン・レビュファによる詩情豊かな登攀紀行。それぞれの北壁の登攀記のなかに、山岳ガイドという職業に対する誇りやザイルパートナーとの友情、アルプスの自然への賛美が高らかにうたい上げられる。一九五四(昭和二九)年にフランスで刊行。その年の山岳文学大賞を受賞する。

日本では一九五五(昭和三〇)年六月に白水社から近藤等氏の訳で刊行された。本著は世界一四カ国で出版されることになるが、日本版が最初の外国語版。その後、白水社は装丁・判型を変えて二度出版。一九七三(昭和四八)年に新潮文庫版が、一九九二(平成四)年には集英社文庫版が出され、二〇〇〇(平成一二)年にヤマケイ・クラシックスシリーズの一冊として刊行される。その際、近藤氏が原書と旧訳を徹底的に読み直して訳文を推敲し、改訂決定版とする。そのヤマケイ・クラシックス版を二〇一一(平成二三)年五月に文庫化したのが本書である。

ガストン・レビュファ　Gaston Rebuffat

一九二一（大正一〇）年五月七日、フランスのマルセイユ生まれ。幼少よりプロヴァンス地方の山を歩き、地中海沿いのカランクの岩場を登るうちに岩登りの魅力に取りつかれる。一七歳ごろから本格的な山登りを始め、二一歳で公認のガイド資格を取得。五〇（昭和二五）年にはフランス隊のアンナプルナ遠征に参加。その後四四年にわたってアルプスの名ガイドとして活躍し、著述・映画製作を通じて登山の魅力を語り続けた。八五（昭和六〇）年五月三一日、肺がんのため逝去。

訳・解説＝近藤 等　こんどう・ひとし

一九二一（大正一〇）年、京都市生まれ。早稲田大学仏文科卒業。同大名誉教授。『星と嵐』をはじめ、モーリス・エルゾーグの『処女峰アンナプルナ』、フリゾン・ロッシュの『ザイルのトップ』などを訳し、フランス・アルピニズムのエスプリを我が国に紹介。ヨーロッパ・アルプス一二〇余峰登頂。著書も『アルプスの名峰』『星空の北壁』など多数。七一（昭和四六）年、シャモニの名誉市民となり、フランス政府よりレジオン・ドヌール勲章受章。二〇一五（平成二七）年一一月二九日、老衰のため逝去。

グランド・ジョラス北壁（写真＝大野 崇）

あこがれから、人生の大きなよろこびは生れる。
けれどもあこがれは、いつでも抱いていなければならない。
わたしは思い出よりもあこがれが好きだ。
『星と嵐』「グランド・ジョラスの北壁」より

『星と嵐』には「6つの北壁登行」という副題がある。「6つ」とは、いわゆるアルプス三大北壁（アイガー、マッターホルン、グランド・ジョラス）に、チマ・グランデ・ディ・ラヴァレド、ピッツ・バディレ、ドリュの三つを加えたものだ。

訳者の近藤等氏によれば、レビュファはフランスの出版社から『六つの北壁』という表題にするよう頼まれていたのだという。しかし単なる記録を書くことだけに満足しなかったレビュファは「山と大自然と、その諸要素と人間の結びつきを、ガイドの職業を通じて語った本」として描き、『星と嵐』というタイトルをつけた。

その意味について、近藤氏に宛てた手紙の中で次のように説明している。

「北壁を登るには、ビヴァークしなくてはなりません。そこで《星》という言葉が出てくるわけで、また登攀が長いことからしばしば悪天候に襲われます。ここから《嵐》という言葉が出てきて『星と嵐』としたわけです」

たしかに、これらの山行のなかでレビュファは数々のビバークを重ね、日没と夜明けの、大自然の美しさを活写した。と同時に、震えるような夜半の寒さのなかで、星の輝きが約束する明日の晴天を喜び、あるときは雷雨に打たれながら嵐のあとの雪への渇望を描いている。「山がたえず差し出してくれる数限りないよろこび」

を受け入れようとするその姿勢は、田部重治の「山に登るということは、絶対に山に寝ることでなければならない」という言葉に通じるものがある。

アルピニストの中には、すべての山行をビヴァーク無しでやったことを自慢している人もいる。そうした人たちは、なんと多くのことを犠牲にしているのだろう！　これと同じように、岩場だけの好きな人や、氷のコース、あるいは山稜や壁しか好きではない人もそうだ。山がたえず差し出してくれる数限りないよろこびをどれ一つとして拒絶してはならない。なに一つしりぞけないこと、なに一つ制限しないこと。渇望し、憧憬（どうけい）し、早く登る技術も、ゆっくり歩く術（すべ）も身につけ、さらに静観もできるようになること。生きることだ！

（「まえがき」より）

単なる登攀記録にとどまらず、山での思索と行為について深く踏み込み、文学の領域にまで高めたガストン・レビュファ。一九五四（昭和二九）年に山岳文学大賞に選ばれ、一四カ国語に訳されて今も世界中で愛されている作品が本書である。

プラの教会とドリュ北壁（写真＝大野崇）

子供の頃、わたしたちは木登りをした。この本能を、わたしたちはたぶん持ちつづけてきたのかもしれない。もしもわたしたちが登るのをだしぬけに止められて、「なぜ山へ行くのか？」という避けられない質問をされたなら、今日のわたしたちはすぐにこう答えたろう、
「ぼくらは山へ登るためにできているんだ」

『星と嵐』「ドリュの北壁」より

レビュファが残した名文をひとつひとつ紹介していくときりがないので、ここではアルプス三大北壁のなかから一部を抜粋して紹介しよう。

ザイル・パーティの同志愛こそ、真にすばらしいものだが、このクラックの端までは一人の力で行かなければならない。一人でこれをよじ登るのだ。二〇メートル下には仲間がいる。もし、スリップしたら、墜落はひどかろう。ザイルがちゃんとあるにはあっても、役には立たない。しかし、わたしはザイルなしには、友情なしには登れない。このザイルが心を温めてくれるのだ。

(『グランド・ジョラスの北壁』より)

「わたしは友情なしには登れない」。ザイル仲間への信頼と友愛を示した一節。

いま、わたしたちは最も美しい峰の上にいるのだ。
わたしたちは眺める。
天に向かってそそり立つピラミッドの頂上で、かよわい人間のわたしたちは、地球が眠りにつく場面に立ち会っている。それから地球とともに夜に身を

ゆだねる。
マッターホルン北壁の登攀を終え、アルプスの美しい頂に夜がやってくる。
(「マッターホルンの北壁」より)

三日間、わたしたちは障害、寒気、嵐など、人間に刃向うものにしか遭遇しなかった。空中に突き出たオーヴァーハングや、アクロバチックなディエードルだけではなかった。それだけなら、これほどのよろこびは果たして与えられたろうか? そうは思わない。そしていま、わたしは晴天の時に成功したアイガーの貧しさを思うのだ。わたしたちは無分別なことや、慎重さを欠いた行動はなに一つしなかった。成功するための準備はととのえていたのだ。この登攀を通して、この雪と、嵐の最中で、わたしたちは大自然の諸要素とまじわり、同志愛に燃え、一度味わったが最後、かけがえのない感情にあふれた、充実した生を骨身にしみて体験したのだ。
(「アイガーの北壁」より)

落石に負傷し、嵐につかまっても、そこには愉快な仲間がいた。そして最後。
生命、生きていることのこの得がたいよろこびよ! (「アイガーの北壁」より)

シルエットだけでレビュファとわかる、あの有名な写真を表紙に採用

ヤマケイ文庫版『星と嵐』のカバー写真に何を使うかは、最初から決めていた。真っ白なモンブランを背景に、鋭くそそり立つ岩峰のてっぺんで両手を大きく広げてザイルを操作するガストン・レビュファ。これは映画『新・天と地の間に 星にのばされたザイル』のポスターに採用されたカットである。本書に出てくる六つの北壁との関連性は薄いが、写真のもつインパクトの強さからもぜひ、この写真を文庫の表紙（カバー）に使いたいと思っていた。『星にのばされたザイル』はレビュファによる監督・主演映画で、日本では一九七六（昭和五一）年に劇場公開。当時はクライマーだけでなく、一般の山好きな人々からも広く支持され、この映画を見て多くの人がヨーロッパ・アルプスのスマートなクライミングに憧れたものだった。ポスターの写真をまねて、わざわざ狭い岩峰の上に立ち上がってザイルをたたむ「レビュファごっこ」が流行ったりもした。かくいう私も、思い返せば剱岳のチンネで登攀終了点の尖った岩峰に立ち、このしぐさをまねて友人に写真を強要したものである。

カバーデザインの際、タイトル文字が短く簡潔だったことも効果的だった。ちょうど岩峰の幅いっぱいに「星と嵐」の三文字が収まったのである。

こうしてヤマケイ文庫版『星と嵐』のカバーが完成したのである。

chapter

17

ナンガ・パルバート単独行

ラインホルト・メスナー 著

横川文雄 訳

カバー写真＝ラインホルト・メスナー

登山界の常識を変えたラインホルト・メスナーの超人的記録

一九七八（昭和五三）年八月六日。ラインホルト・メスナーは一五キロのザックを背に、たったひとりでベースキャンプをあとにした。目標はナンガ・パルバート、ディアミール壁。標高差約四〇〇〇メートルの岩と氷の壁に挑む彼の狙いは、それまで誰も成し遂げたことのない、八〇〇〇メートル峰のアルパインスタイルによる完全な単独登頂であった。

メスナーは途中、地震によるルート崩壊のために退路を断たれ、幻覚を見ながらも登頂に成功する。ビバークテントで一晩、悪天候をやり過ごした翌日、テントやシュラフや炊事具、食料を放置し、ナンガ・パルバートで最も危険な場所、氷の管を下降路に選んでイチかバチかの賭けに出た。一日でベースキャンプに下るつもりだった。そして彼は賭けに勝ち、仲間の待つキャンプに無事、帰還する。

死と隣り合わせの五日間を生き抜き、人類初の八〇〇〇メートル峰完全単独行に成功した彼が、登攀のすべてと自己の内面を鋭く描いた代表作。

ラインホルト・メスナー Reinhold Messner

一九四四（昭和一九）年、南チロル（北イタリア）のフィルネス生まれ。七〇（昭和四五）年にナンガ・パルバート登頂。以後、ヒマラヤを中心に数々の登攀活動を行なう。七五（昭和五〇）年、ガッシャブルムI峰をアルパインスタイルで登頂。七八（昭和五三）年、エベレストに無酸素登頂。同年、ナンガ・パルバートをベースキャンプから全行程単独登頂。八〇（昭和五五）年には単独・無酸素・アルパインスタイルでエベレストに登るなど、高峰登山に次々と新しい地平を切り拓いてきた。八六（昭和六一）年、ローツェの登頂を果たし、八〇〇〇メートル峰一四座のすべてに登頂した最初の人間となる。

訳・解説＝横川文雄 よこかわ・ふみお

一九一八（大正七）年、東京生まれ。上智大学文学部独文学科卒業。長年にわたりドイツの山岳書の翻訳を数多く手がけ、日本の登山界の発展に貢献した。ヘルマン・ブール『八〇〇〇メートルの上と下』、ハインリッヒ・ハラー『白い蜘蛛』、ワルテル・ボナッティ『大いなる山の日々』のほか、多数の翻訳書がある。上智大学名誉教授。二〇〇〇（平成一二）年四月一三日、食道がんのため逝去。

だが孤独とは、なんと変わってしまうものだろう。
かつては気のめいる思いのした別離が、じつは自由
を意味したことに気がつくのだ。
これは人生で初めて味わう白い孤独の体験だった。
孤独はもはや恐れではなく力なのだ。

『ナンガ・パルバート単独行』「白い孤独」より

ナンガ・パルバット ディアミール壁（写真＝中西紀夫）

『ナンガ・パルバート単独行』は、一九七八（昭和五三）年、ラインホルト・メスナーがナンガ・パルバートをベースキャンプから全行程、単独登攀したときの記録である。たったひとりで、すべての荷物を背にし、固定ロープや酸素や高所ポーターといった助けを得ずに登る。最もシンプルで最もスマートな登攀スタイルを八〇〇〇メートル峰で実践し、生還したのは彼が初めてだった。

八月七日、ディアミール壁に取り付いたメスナーは、大氷瀑を右から巻くように氷塔地帯を抜けてビバーク。標高差四〇〇〇メートルにも及ぶナンガ・パルバート西壁の中央部にテントを張る。翌朝……。

ぼくの左手を氷なだれが轟音を立てて、激流のように谷間へ落ちていった。下のほうでは、幅広い雪崩が津波のように山裾に向かって広がっていく。この雪崩は、ぼくが攀じ登ってきた氷で成り立っているのだ。

八月八日朝、地震が突然発生して雪崩を誘発し、前日、登ってきたルートを流し去ってしまったのだった。二四時間遅く登り始めていたら……、などと考えても仕方がない。今は登り続けるだけだ。退路を絶たれたひとりぼっちの壁のなかで、メスナーは自己との対話を通して孤独を考える。

ぼくは山を征服しようとして出掛けてきたのではない。また、英雄となって帰るためにやってきたのでもない。ぼくは恐れることを通じて、この世界を知りたいのだ。（中略）この高所では、いかなる人間にも出会わないことは確実なので、かえってそれがぼくの支えになっている。孤独感はもはや、破滅を意味するものではなくなっていた。明らかにぼくはこの静けさの中で、新たな自信を得ていたのだ。

そして、隔絶された岩と雪の世界で、メスナーはひとつの悟りを開く。

孤独はもはや恐れではなく力なのだ。

八月一〇日、メスナーはナンガ・パルバートの頂に立った。

ナンガ・パルバート西壁

赤いラインがメスナーの登頂ルート。
青が下降路。登りに使った大氷瀑右のルートは、
地震に伴う雪崩のため下りには使えず、
ナンガ・パルバット西面で最も危険な「氷の管」を下降した

ヤマケイ文庫
33選

山岳専門雑誌『山と溪谷』のルーツを覆刻。日本登山界の情熱の時代を再現する

題字＝坂野三郎

編集長
Eyes

二〇一八年八月号で
通巻一〇〇〇号を迎えた
『山と溪谷』の創刊号から三号を
抜粋して縮刷。

【覆刻】山と溪谷 1・2・3撰集

一九三〇（昭和五）年、二二歳の青年、川崎吉蔵によって日本初の商業山岳雑誌『山と溪谷』が創刊された。登山界が先鋭化と大衆化の両局面に多様化していった時代に、大学山岳部にも山岳会にも属さない一般登山者に対して〈あらゆる層の優秀なる人々の文献を〉〈徹底的な廉価で提供〉することを理念とした編集方針で大きな支持を受けた。創刊号から三号までより抜粋・縮刷し、登山界の情熱の時代を再現する。

解説＝布川欣一

ぬのかわ・きんいち／一九三二（昭和七）年、北海道生まれ。中央公論社などの出版社勤務を経て、埼玉県・昌平高校教諭。現在は登山史研究分野で寄稿、講演などを中心に活躍する。著書に『山道具が語る日本登山史』『目で見る日本登山史』『ヤマケイ新書 明解日本登山史』『ヤマケイ新書 山岳名著読書ノート』（いずれも山と溪谷社）、共著・編著に『日本百名峠』（桐原書店）、『秩父困民党紀行』『山旅の宿』（ともに平凡社）などがある。

山と自然はいかに文学者を魅了したか。山を描く四八人のアンソロジー

編集長Eyes

芥川龍之介が、志賀直哉が、太宰治が……文学者たちが描いた山の素顔をナナメ読み。

カバーデザイン・編集＝渡邊 怜

紀行とエッセーで読む 作家の山旅

山と溪谷社 編

明治、大正、昭和の文学者四八人が遺した、山にかかわるエッセー、紀行文、詩歌を集めたアンソロジー。文学を取り巻く時代背景と、登山の移り変わりのなかで、作家たちは山をどのように見て、歩き、魅了されたか。文芸作品としてはもちろん、それぞれの山岳観や自然観照、登山史的背景、そして、自然を舞台とした文芸鑑賞への手引書としても興味は尽きない。

解説＝大森久雄

おおもり・ひさお／一九三三（昭和八）年、東京生まれ。早稲田大学文学部仏文学科卒業。朋文堂、実業之日本社などで登山・自然・旅関係の雑誌 書籍の編集に携わったのち、現在は編集・執筆を中心に活動。著書に『本のある山旅』（山と溪谷社）、『山の旅 本の旅』（平凡社）、『山の本歳時記』（ナカニシヤ出版）、共訳書に、ジャン・コスト『若きアルピニストの魂』、リオネル・テレイ『無償の征服者』（ともに二見書房）、編書に『ヤマケイ新書 山の名作読み歩き』（山と溪谷社）などがある。

『氷壁』が書かれた
背景には井上靖自身の
登山体験があった

カバー写真＝内田 修

編集長
Eyes

涸沢で見た月、明神の蛙の群れ…。
小説『氷壁』の素材となった
さまざまなエピソードを
穂高岳紀行から読み取ろう。

穂高の月

作家・井上靖がなぜ『氷壁』を書くことになったのか。そのきっかけのひとつとなった穂高・涸沢の月見山行を中心に、少年時代の伊豆の自然から編集者・安川茂雄との交流や、ネパール・ヒマラヤ紀行など、五〇編のエッセーを収録。「私の山は穂高だけである」とまで言い切る作家の穂高への愛情と自然観、自然と旅を背景にした作品の成立過程をたどる。

井上 靖

いのうえ・やすし／一九〇七（明治四〇）年、北海道生まれ。京都帝国大学文学部卒業後、大阪毎日新聞記者を経て、小説に専念。四九（昭和二四）年『闘牛』で芥川賞受賞。ナイロンザイル事件を題材とした『氷壁』のほか、自伝的小説『あすなろ物語』『しろばんば』、歴史小説『風林火山』『淀どの日記』『天平の甍』『額田女王』、西域を舞台とした歴史小説『敦煌』『楼蘭』『蒼き狼』などの作品がある。日本芸術院会員。七六（昭和五一）年文化勲章受章。九一（平成三）年逝去。

近代アルピニズム黎明期、
穂高をめぐる
有名登山家たちの
遭難事件を克明にレポート

カバー写真＝内田 修

編集長
Eyes

編集者であり
登山史研究家でもある著者が
「山での死の価値ある非情さ」を
リアルに描いたノンフィクション。

穂高に死す

近代アルピニズムの黎明期、その揺籃の地となった槍・穂高連峰では、数々の輝かしい初登攀の陰で凄惨な遭難事故も起きていた。なかには歴史に名を残す著名な登山家も多く、厳冬期の北鎌尾根に逝った加藤文太郎や松濤明、前穂北尾根で不慮の死を遂げた大島亮吉も含まれていた。槍・穂高連峰の登山史を振り返りながら、若くして山に逝った登山家たちの青春群像を描いた話題作。

安川茂雄

やすかわ・しげお／一九二五（大正一四）年、東京生まれ。早稲田大学文学部仏文科卒業。昭和時代の登山家、登山史研究家。本名は長越茂雄。中学時代から登山に傾倒し、三笠書房、朋文堂といった出版社勤務のかたわら、『霧の山』などの山岳小説を発表。第一次RCC同人で、六六（昭和四一）年にはヒンズークシ登山隊隊長を務める。主な著作は『谷川岳研究』『近代日本登山史』など。七七（昭和五二）年一〇月逝去、享年五一。

『日本百名山』とは違った自由な筆致で描かれた一〇〇の山へのまなざし

カバー写真＝望月達夫

編集長 Eyes

「日本百名山」を
深田久弥はどこから
どのように登ったのか。
興味が尽きない一〇〇の紀行。

深田久弥選集 百名山紀行 上・下

日本の山岳文化の集大成『日本百名山』はいかにして築き上げられたのか。「読み 歩き 書いた」山の文学者・深田久弥の厖大な著作の中から『日本百名山』に関わる紀行文、エッセーを選び、深田久弥が山に印した足跡と思索の道のりをたどる。文学を模索した若き日から、豊穣な紀行文学に至った晩年までの軌跡。

深田久弥

ふかだ・きゅうや／一九〇三年（明治三六）年三月、石川県生まれ。第一高等学校を経て東京帝国大学文学部哲学科入学。中学時代に白山など故郷の山に親しみ、高校・大学時代に北アルプスや丹沢、奥秩父、八ヶ岳、朝日連峰、尾瀬などに登る。文壇生活を続けながら山登りは絶えることがなく、戦後は、登山・探検関係を中心に執筆活動に専念。六五（昭和四〇）年、『日本百名山』で第一六回読売文学賞（評論・伝記部門）を受賞。ヒマラヤ、シルクロード研究では『ヒマラヤの高峰』『中央アジア探検史』の代表作がある。七一（昭和四六）年三月二一日、茅ヶ岳登山中に急逝。

串田孫一の代表作。思索的な味わいのあるエッセイを再編集

カバーイラスト＝串田孫一

編集長
Eyes

全三巻の原著を一冊に凝縮。
時間をかけてじっくりと読みたい
串田孫一ファン垂涎の一冊。

山のパンセ

思索的な独特の味わいのある文章で知られる著者の、『若き日の山』に続く二度目のエッセー集。初版は一九五七（昭和三二）年に実業之日本社より刊行され、全三刊の造りになっていたが、それを再編集して一冊にまとめてある。

串田孫一

くしだ・まごいち／一九一五（大正四）年、東京生まれ。東京大学哲学科卒業。中学生のころより登山を始め、谷川岳をはじめとする多くの山々に足跡を残す。四〇（昭和一五）年から上智大学予科などで教鞭を執り、東京外国語大学教授時代は山岳部部長も務めた。五八（昭和三三）年、山岳月刊誌『アルプ』の創刊にかかわり、精力的な文筆活動を続けるなかで多くの著作を出版。著書に『若き日の山』『山のパンセ』（ヤマケイ文庫）、『山の断想』（大和書房）、『山の独奏曲』（山と溪谷社）、『雲・山・太陽　串田孫一随想集』（講談社文芸文庫）、『串田孫一集』全8巻（筑摩書房）ほか多数がある。哲学者、詩人、エッセイスト。

松濤明と奥山章。ふたりのアキラを結んだ『氷壁』のヒロインのモデル、芳田美枝子の生涯

カバー写真＝内田 修

編集長 Eyes

本のタイトルを見て松濤と奥山を想像できた人はかなりの登山史通！

ふたりのアキラ

風雪の北鎌尾根で凄絶な最期を遂げた松濤明。第二次RCCを創設して日本のアルピニズムを牽引した奥山章。芳田美枝子は、松濤を上高地で待ち続けた井上靖『氷壁』のヒロイン、かおるのモデルとなり、のちに奥山章と結婚、戦後日本のアルピニズムの発展を見つめ続けた。ふたりのアキラの知られざる登山史の断片を、ノンフィクションライター・平塚晶人が芳田との往復書簡で描いた話題作。

平塚晶人

ひらつか・あきひと／一九六五（昭和四〇）年、北海道生まれ。出版社勤務を経て、九四（平成六）年よりフリーランスのノンフィクション・ライター。九六年、「走らざる者たち」でNumberスポーツノンフィクション新人賞。著書に『サクラを救え「ソメイヨシノ寿命60年説」に挑む男たち』（文藝春秋）、『空っぽのスタジアムからの挑戦』『地図の読み方』（ともに小学館）、『登山技術全書8 山岳地形と読図』（山と溪谷社）などがある。

伝説の登山家・加藤文太郎の生涯。彼はなぜ、単独行を選んだのか

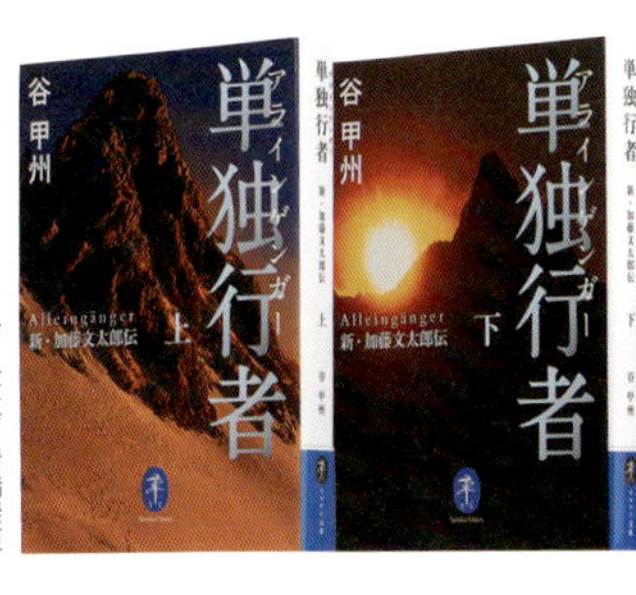

カバー写真＝岩橋崇至

編集長 Eyes

七〇〇〇メートル峰登頂経験のある人気SF作家が描いた加藤文太郎の真実。

単独行者（アラインゲンガー） 新・加藤文太郎伝

一九三六（昭和一一）年一月、厳冬の槍ヶ岳・北鎌尾根に消えた加藤文太郎。冬季登山の草創期、ガイド登山が一般的だった時代にただひとり、常人離れした行動力で冬季縦走を成し遂げていった単独行者は、なぜ苛烈な雪山に挑み続けたのか。構想三五年、加藤文太郎の真実の人間像に挑む本格山岳小説。

谷 甲州

たに・こうしゅう／一九五一（昭和二六）年、兵庫県伊丹市生まれ。大阪工業大学を卒業後、建設会社に勤務。その後、青年海外協力隊に参加。七九（昭和五四）年、『奇想天外』誌にてデビュー。八一（昭和五六）年、カンチェンジュンガ学術登山隊に参加。カシミールヒマラヤ・クン峰（七〇七七m）登頂。冒険小説、SF小説の人気シリーズを数多く発表し続けている。主な著作に「航空宇宙軍史シリーズ」「覇者の戦塵シリーズ」『パンドラ』『彼方の山へ』『霊峰の門』など。山岳小説も多く、『遥かなり神々の座』『神々の座を越えて』『遠き雪嶺』『白き嶺の男』（ヤマケイ文庫）などがある。

梅棹忠夫の原点は山に。
知の巨人が綴る
「山と人生と学問」

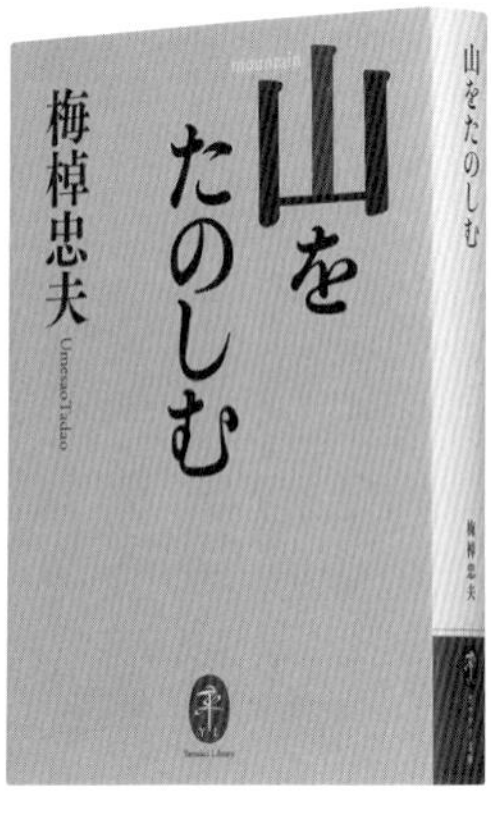

カバーデザイン＝三村 淳

編集長
Eyes

梅棹忠夫最後の著作。
山は探検精神、すなわち
「未知への探求」の源泉であった。

山をたのしむ

登山や探検はもとより、パイオニアとして数々の学術的な偉業を打ち立ててきた梅棹忠夫だが、その原点は山にある。本書は、これまでの山や探検を振り返り、新たに加えた随想や対談などをまとめたもので、山と探検をテーマにした唯一、最後の著作となった。利便性のみを追求しがちな現代にあって、山とは、探検とはなにかを問いかけた、貴重な一書である。

梅棹忠夫

うめさお・ただお／一九二〇（大正九）年、京都市生まれ。民族学・比較文明学専攻。理学博士。文化勲章受章。世界各地の学術探検・調査を基に、幅広く文明論を展開した。京都大学教授を経て国立民族学博物館の創設に尽力し、初代館長として同館を民族学および関連諸科学の学際的研究センターに育て上げた。主な著書に『モゴール族探検記』『文明の生態史観』『知的生産の技術』など多数。いずれも『梅棹忠夫著作集』（全二二巻、別巻一）に収録されている。二〇一〇（平成二二）年、逝去。

世代を超えて圧倒的な支持を得た自伝的登山論の決定版

カバーイラスト＝日暮修一

編集長 Eyes

初めて手にした『山と溪谷』で連載の始まりを知った。高校時代に心を熱くさせた高田節は、何度読み返しても面白い。

なんで山登るねん わが自伝的登山論

冬の剱岳での遭難体験、黒部川源流での釣りと焚き火の日々、京都北山でのひとりぼっちの夜……。そこに描かれた体験と思索の数々は、山の厳しさ、やさしさ、愉しみ、苦しみを伝えながら、さらに「生きる」意味までをも読者に考えさせようとしている。長い間、教育者として活躍してきた著者ならではの山に対する鋭い視点を、京都弁でやさしく包んで描いた、青春の書にして文明批評の書。『山と溪谷』七〇年代の人気連載を書籍化。

高田直樹

たかだ・なおき／一九三六（昭和一一）年、京都府生まれ。京都府立大学卒業。同大学山岳部OB。京都府立高校で教鞭を執るかたわら、登山や教育についての執筆評論活動を行なう。主な登山は、厳冬期剱岳東大谷G1初登攀、剱岳八ッ峰六峰Bフェース京都府立大ルート初登など。海外では七九（昭和五四）年のカラコルム、ラトック1峰（七一四五m）の初登頂を率いたことで知られる。登山に関する主な著書に『続 なんで山登るねん』『続々 なんで山登るねん』（ともに山と溪谷社）。

新田文学の原点。
山と自然を綴った随筆と
素顔の山旅を一冊に凝縮

カバー写真＝萩原浩司

編集長
Eyes

作家・新田次郎が
身近に感じられる
ほのぼのとした紀行や
四季を描いたエッセーは必読！

新田次郎 山の歳時記

山を舞台に多くの傑作を生み出した作家・新田次郎の、四季の自然と山を綴った随筆と、小説の素材ともなった山岳紀行を再編。多感な少年時代を過ごし、自然観の原点となった霧ヶ峰の自然、厳しい自然と向き合った富士山測候所勤務の経験など味わい深いエッセーと、飾らぬ筆致で作家の山旅姿が浮かび上がるような紀行は、新田文学の背景を振り返る上でも貴重である。

新田次郎

にった・じろう／一九一二（明治四五）年、長野県上諏訪町（現・諏訪市）生まれ。本名藤原寛人。旧制諏訪中学校、無線電信講習所を卒業後、三二（昭和七）年、中央気象台（現・気象庁）に入庁。富士山気象レーダーの建設責任者を務めたことで知られる。五六（昭和三一）年『強力伝』で直木賞受賞。六六（昭和四一）年、気象庁を退職し、文筆に専念。七四（昭和四九）年、『武田信玄』ならびに一連の山岳小説に対して吉川英治文学賞受賞。七九（昭和五四）年、紫綬褒章受章。八〇（昭和五五）年二月、逝去。正五位勲四等旭日小綬章。

山や冒険をテーマにした評論と遭難報道の決定版

カバー写真＝萩原浩司

編集長Eyes

パイオニアワークやリーダーの責任論など、人を連れて登るようになったら絶対に読んでおくべき一冊。

日本人の冒険と「創造的な登山」

数々のルポルタージュを発表してきた本多勝一の、冒険と登山をテーマにしたいくつかの著作を集めたベストセレクション。『冒険と日本人』『新版・山を考える』『リーダーは何をしていたか』の三冊のなかから、評論と現場からのレポートを中心に再編集し一冊にまとめた、日本人の冒険論、遭難の報道記事などの集大成である。

本多勝一

ほんだ・かついち／一九三一（昭和六）年、長野県伊那谷生まれ。京都大学では山岳部に所属、のちに探検部を創立。朝日新聞記者を経て『週刊金曜日』編集委員などを歴任。『カナダ＝エスキモー』など極限の民族シリーズをはじめ、『戦場の村』『アメリカ合州国』『中国の旅』など数々のルポルタージュを手がけた。山の関係では『山を考える』『リーダーは何をしていたか』『五〇歳から再開した山歩き』（いずれも朝日文庫）、『ヒンズーラージ探検記』（朝日新聞社）など著書多数。

日本の海外登山史上最悪の遭難から二五年。そこで出会った「聖なる山」の真の姿とは……

カバー写真＝小林尚礼

編集長 Eyes

「聖山とは、親のような存在だ。親の頭を踏みつけられたら日本人だって怒るだろう」山麓の民の声に、私も思わず姿勢を正した。

梅里雪山 十七人の友を探して

一九九一（平成三）年一月三日、中国・雲南省にある梅里雪山に挑んでいた京都大学学士山岳会と中国登山協会による合同隊の隊員一七人が消息を絶ってしまった。先輩や友人たちを失った小林は、遺体捜索活動に加わったことが縁で、その後、麓の村に通い続け、村人たちと交流を深める。海外登山史上最悪の遭難事故から一九年、遺体捜索を通して知った住民との友情と「聖なる山」の真の姿。

小林尚礼

こばやし・なおゆき／一九六九（昭和四四）年、千葉県生まれ。京都大学工学部卒業。大学では山岳部に在籍し、日本各地の山に通う。九六（平成八）年の梅里雪山登山を機にフリーカメラマン・ライターを志し、雑誌などを中心に撮影・取材活動を行なっている。撮影のテーマは「人間の背後にある自然」。また、チベットでの長期滞在の経験を基に、ヒマラヤ・チベットを中心とした山旅のガイドも手がける。一般社団法人京都大学学士山岳会理事。

「魔性の棲む山」ミニャ・コンガに逝った仲間たちへの鎮魂の物語

カバー写真＝阿部幹雄

編集長Eyes

「なぜ、ぼく一人だけ、生きて帰ったのだろう」
氷河に眠る八人を探しながら
著者は生かされた理由を探し続ける。

生と死のミニャ・コンガ

北東稜から初登頂をめざした北海道山岳連盟隊のミニャ・コンガ。頂上直下でひとり滑落、さらに下山中、一本のロープで結ばれた七人が、目前から忽然と消えてしまう。クレバスに落ち、死を覚悟したものの、著者はかろうじて生還する。一三年後、友人が四遺体を氷河で発見するが、その友もまた消息を絶ち、氷河に消えてしまう。死を悟り生を知ったミニャ・コンガ二〇年の物語。

阿部幹雄

あべ・みきお／一九五三（昭和二八）年、愛媛県松山市生まれ。北海道大学工学部卒業、同大学山スキー部OB。写真家、映像ジャーナリスト。千島列島、カムチャツカ、シベリア極北などの辺境の山々を踏破し、雑誌を中心にソ連、ロシア、日本の自然、政治、事件など広範囲なテーマで取材、執筆。南極観測隊にも参加し、先進的な雪崩知識の啓蒙活動も行なっている。著書に『北千島冒険紀行』『ドキュメント 雪崩遭難』『祈りの木』、共著に『最新雪崩学入門』など多数。

空からの山岳レスキューに命を懸けた男、篠原秋彦

カバー写真＝内田 修

編集長 Eyes

「よくがんばった」
遭難者に向けた漫画の主人公の台詞は
山岳レスキュー界の伝説の男
篠原秋彦の言葉そのものであった。

空飛ぶ山岳救助隊

大好きな山で仕事ができる、ただそれだけの理由でヘリコプター会社に入った篠原秋彦は、山小屋への物資輸送のかたわら、空からの遭難救助法を確立していく。ひとりでも多くの人の命を救いたい。そのために山を研究し、私生活を犠牲にして現場に飛び込んでゆく。そのすさまじいまでの救助の実態を、山岳遭難ルポの第一人者、羽根田治が真実に迫る筆力で紹介する。

羽根田 治

はねだ・おさむ／一九六一（昭和三六）年、埼玉県生まれ。フリーライター。山岳遭難や登山技術の取材経験を重ね、『山と溪谷』や書籍などで発表する一方、沖縄、自然、人物などをテーマに執筆活動を続けている。著書に『アウトドア・ロープテクニック』『パイヌカジ 沖縄・鳩間島から』『生還 山岳遭難からの救出』『ドキュメント 滑落遭難』『ドキュメント 単独行遭難』（いずれも山と溪谷社）、『山の遭難～あなたの山登りは大丈夫か』（平凡社新書）ほか多数。

凍傷で両足指を失いながらも青春のすべてを山に懸けた、伝説的クライマーの青春譜

カバーイラスト＝芳野満彦

編集長
Eyes

新田次郎『栄光の岩壁』の主人公のモデルとなった「五文足のアルピニスト」は詩才と画才に恵まれたロマンチストだった。

完本 山靴の音

一七歳の冬に八ヶ岳で遭難し、凍傷で両足指をすべて失いながらも青春のすべてを山に懸け、クライマーとして活躍した芳野満彦。彼の登攀記と随筆、詩画を収めた『山靴の音』は何度も再版され、六〇年にわたって読まれてきた。本書は完全版として三つの版を統合。明るく、伸びやかな筆致で描かれた作品群からは、青年の山への憧憬や、ひたむきな愛情が伝わってくる。

芳野満彦

よしの・みつひこ／一九三一（昭和六）年、東京生まれ。前穂高岳北尾根四峰正面壁、北岳バットレス中央稜、剱岳チンネ正面岩壁などの冬季初登攀を成し遂げ、「五文足のアルピニスト」の異名をとる。五〇（昭和二五）年から数年にわたって上高地・徳澤園の小屋番としてひとり越冬し、詩や絵などの作品を制作。五八（昭和三三）年には第二次RCC結成に参加し、六三（昭和三八）年にはアイガー北壁に挑戦。その二年後、マッターホルン北壁登頂に成功し、日本人クライマーとして初めてヨーロッパ・アルプス三大北壁登攀に成功した。

志半ばで山に逝った、日本を代表する八人の登山家の最期を描く

カバー写真＝佐藤孝三

編集長 Eyes

植村直己四三歳、長谷川恒男四三歳、享年を同じくするふたりのほか、志半ばで山に逝った登山家への鎮魂の書。

残された山靴

ヒマラヤの八〇〇〇m峰登頂など高峰に憧れ、志半ばにして山に逝った登山家八人の最期を描く。加藤保男は冬のエベレストに、植村直己は冬のマッキンリーに、長谷川恒男は未踏のウルタルに、そして小西政継は五八歳でマナスルに……。当時の日本を代表する登山家八人の、山に向かう心情や行動に共感し、綴られたレクイエム。著者の佐瀬稔も病に倒れ、最後の著作となった。

佐瀬稔

させ・みのる／一九三二（昭和七）年、神奈川県生まれ。五五（昭和三〇）年、東京外国語大学英米学科を中退。報知新聞社に入社。運動部長、文化部長などを経て七三（昭和四八）年退社。フリーランスとなり、主に事件、人物、スポーツなどの分野のルポルタージュ、ノンフィクションの執筆活動に入る。主な著書に『金属バット殺人事件』『うちの子が、なぜ！』『狼は帰らず アルピニスト・森田勝の生と死』『喪われた岩壁 第2次ＲＣＣの青春群像』など多数。九八（平成一〇）年五月、がんのため逝去。

北海道の脊梁山脈を山スキーで縦断。写真家・志水哲也の若き日の単独行記

カバー写真＝志水哲也

編集長 Eyes

襟裳岬から宗谷岬へ。「自分探しの旅」というには激しすぎる単独行記と深く掘り下げた内面描写を読み込もう。

果てしなき山稜 襟裳岬から宗谷岬へ

冬の襟裳岬から厳冬の日高山脈を越え、厳寒の十勝大雪連峰、北見山地を進み、六カ月後に宗谷岬をめざす。現在は写真家として大成した著者が、若き日に実行した無謀とも思える、壮大な山スキーによる北海道の脊梁山脈単独行の記録である。白山書房より単行本として初版が刊行されて以来、高い評価を受けた山行記の名著を、再編集して文庫化。

志水哲也

しみず・てつや／一九六五（昭和四〇）年、横浜市生まれ。高校時代から登山を始め、国内外での単独登攀、黒部川全支流域踏査などを達成した登山家。二〇〇二（平成一四）年に志水哲也写真事務所を開設、写真家としても活動を始め、多くの作品を発表する。主な著書に『大いなる山 大いなる谷』『黒部へ』（ともに白山書房）、『黒部物語』『生きるために登ってきた』（ともに、みすず書房）など、写真集に『黒部』『日本の幻の滝』『剱』（いずれも山と溪谷社）、『水の屋久島』『森の白神』（ともに平凡社）など多数。

孤高を貫いた悲運のクライマー、森田勝の修羅の生涯

カバー写真＝大野 崇

編集長Eyes

あまりにも自分に正直すぎた森田勝の生き方、そして最期。『神々の山嶺』を読んだ人は、なにはさておき本書を読んでみてほしい。

狼は帰らず アルピニスト・森田勝の生と死

谷川岳、アイガー、エベレスト、K2、そして最後の山となったグランド・ジョラスと、まるで何かに復讐するかのように死と隣り合わせの岩壁に挑み続けた男、森田勝。『神々の山嶺』(夢枕 獏／著)の主人公・羽生丈二は、この森田勝がモデルとなっている。登山界の組織になじまず、一匹狼として名を馳せた男がたどった生涯を描いたノンフィクション。

著者＝佐瀬 稔　させ・みのる／(二五〇ページ参照)

森田 勝　もりた・まさる／一九三七(昭和一二)年、東京生まれ。谷川岳、穂高岳などで数多くの登攀を行ない、六七(昭和四二)年二月には、当時、登攀不可能視されていた谷川岳一ノ倉沢滝沢第三スラブを冬季初登攀。以後、海外に目を向け、七〇(昭和四五)年にアイガー北壁ノーマルルート冬季第二登、七三(昭和四八)年第2次RCCのエベレスト南西壁隊、七七(昭和五二)年日本山岳協会隊のK2遠征に登攀リーダーとして参加。七九(昭和五四)年グランド・ジョラス北壁冬季単独初登をめざし敗退。八〇(昭和五五)年二月、再度挑戦した冬季グランド・ジョラスで転落、帰らぬ人となる。

エベレスト一九八三年一〇月八日、明暗を分けた「運命の一日」をめぐる先鋭登山家たちの生きざまを描く

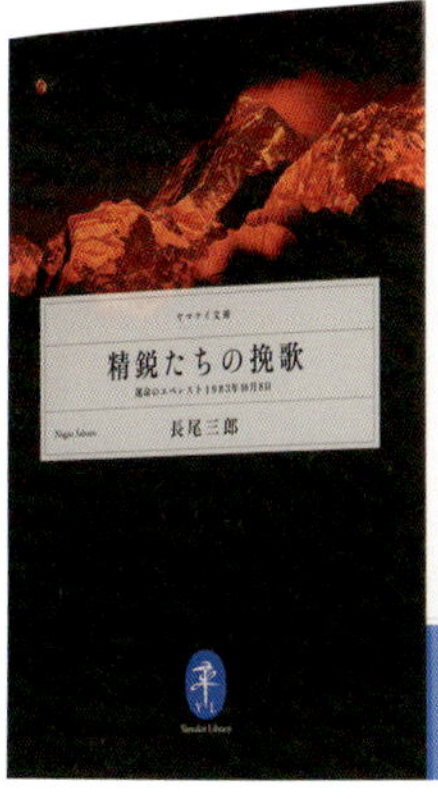

カバー写真＝佐藤孝三

編集長 Eyes

日本人によるエベレストの無酸素登頂はこのときの五人（二人は下山中に死亡）以降、一九八五年の山田昇以外、誰も達成していない。

精鋭たちの挽歌 運命のエベレスト1983年10月8日

一九八三（昭和五八）年一〇月、日本最強のクライマー集団が、期せずして同じ時期にエベレストのBCに集結した。吉野寛率いるイエティ同人隊と川村晴一率いる山学同志会隊は、秋季、日本人初のエベレスト無酸素登頂を計画。そして運命の一〇月八日、日本の登山隊二隊が同時に無酸素登頂に挑み、五人が成功、三人が死亡するという壮絶な結末を迎えた。彼ら精鋭たちの生きざまを描く。

長尾三郎

ながお・さぶろう／一九三八（昭和一三）年、福島県生まれ。早稲田大学第一文学部演劇科中退。在学中から著述業に入り、政治、社会問題、スポーツなど幅広いジャンルで活躍。主な山岳関係の著書に、加藤保男の生涯を描いた『エベレストに死す』、植村直己の『マッキンリーに死す』、上温湯隆の『サハラに死す』の「死す」三部作をはじめ、小西政継の生涯を描いた『激しすぎる夢』など多数。二〇〇六（平成一八）年、がんのため逝去。

世界第二位の高峰
K2に懸けた
一匹狼たちの登頂への執念

カバー写真＝佐藤孝三

編集長
Eyes

『狼は帰らず』の森田勝をはじめ、
個性的なメンバーたちの
頂上への熱き思いが
K2の山腹にあふれ出す。

K2に憑かれた男たち

一九七七（昭和五二）年八月、一匹狼たちの寄せ集め集団が、世界第二の高峰K2の日本人初登頂に成功した。正統派といわれる日本の登山界を尻目に、反目とエゴをむきだしにしながらのアタックだった。個人と組織の間で苦悩する登山隊長ら幹部の焦燥、登頂への執念をひたすら燃やす隊員たちの葛藤。日本の高度経済成長を背景に、あまりにも人間的な彼らの姿を描いたノンフィクション。

本田靖春

ほんだ・やすはる／一九三三（昭和八）年、旧朝鮮・京城生まれ。早稲田大学政経学部新聞学科を卒業し、読売新聞社に入社。社会部記者、ニューヨーク特派員などを経て、七一（昭和四六）年退社。その後、ノンフィクション作家として文筆活動に入り、多くの作品を発表する。潮賞、大宅壮一ノンフィクション賞の選考委員を務める。主な著書に『誘拐』『私戦』『栄光の叛逆者』『不当逮捕』『警察（サツ）回り』『評伝 今西錦司』など多数。二〇〇四（平成一六）年、逝去。

ヒマラヤの岩壁に挑み続ける単独登攀者山野井泰史の半生を描く

カバー写真＝山野井泰史

編集長
Eyes

かつて「天国にいちばん近いクライマー」と呼ばれていた山野井泰史のデビューから、ヒマラヤの大岩壁に挑むまでを描いたノンフィクション。

ソロ 単独登攀者 山野井泰史

ヒマラヤの大岩壁に果敢な単独登攀で挑み続ける山野井泰史。その行動と思想を著者は克明な取材で追い続ける。十代のクライミング武者修行からトール西壁、冬季フィッツロイ、冬季アマ・ダブラム西壁の単独初登を経て、チョ・オユー南西壁、マカルー西壁といった八〇〇〇m峰に挑むまでを描いた意欲作。「最強のクライマー」といわれた山野井の素顔に迫った人物ノンフィクション。

丸山直樹

まるやま・なおき／一九五八（昭和三三）年、新潟県生まれ。東洋大学文学部国文学科卒業。同大学山岳部で山登りに没頭する。二十代後半よりフリーランスの記者となり、朝日新聞社、平凡社、東洋経済新報社などの週刊誌、月刊誌に執筆。著書に『死者は還らず』（山と溪谷社）、編著に『山岳警備隊出動せよ！』（東京新聞出版局）などがある。

極限状況下を生き抜いた登山者が語る「生と死を分けたもの」

カバー写真＝萩原浩司

編集長 Eyes

マヨネーズを食べて一七日間を生き延びた事例ほか、生還者たちの壮絶な闘いがここに明らかになる。

ドキュメント **生還** 山岳遭難からの救出

山で遭難し、生死の境をさまよったのちに生還した登山者に密着取材。何日間も山に閉じ込められながら、極限状態を生き抜いた彼らの生還の理由を探る。初版時の七つのケースに、近年の丹沢・大山での遭難事例を加えて再編集した文庫版。

羽根田 治

はねだ・おさむ／一九六一（昭和三六）年、埼玉県生まれ。フリーライター。山岳遭難や登山技術の取材経験を重ね、『山と溪谷』や書籍などで発表する一方、沖縄、自然、人物などをテーマに執筆活動を続けている。著書に『アウトドア・ロープテクニック』『パイヌカジ 沖縄・鳩間島から』のほか、「ドキュメント遭難」シリーズとして『滑落遭難』『気象遭難』『単独行遭難』（いずれも山と溪谷社）、『山の遭難 あなたの山登りは大丈夫か』（平凡社新書）などがある。

ヤマケイ文庫の「ドキュメント遭難」シリーズ

『ドキュメント 生還 山岳遭難からの救出』に続き、山岳遭難の様態別に遭難事例を詳細にレポートした「ドキュメント遭難」シリーズが計六冊、ヤマケイ文庫から出ている。道迷い、滑落、気象、雪崩、単独行、山の突然死の六形態で、それぞれ実際に遭難して救出された登山者への取材を基に、リアルな状況再現のルポと、筆者による事故の分析がなされている。山岳遭難は他人事と思っている登山者（おそらく、ほとんどの人がそうなのではないか）はぜひ、遭難の非情な現実を知った上で、事前の対策を考えてみてはいかがだろう。

鎖国状態のチベットで一〇人の日本人が体験した極めて稀有な旅の記録

カバー写真＝江本嘉伸

編集長Eyes

主人公はこの一〇人。能海寛、成田安輝、河口慧海、寺本婉雅、矢島保治郎、青木文教、多田等観、野元甚蔵、西川一三、木村肥佐生。

新編 西蔵漂泊 チベットに潜入した十人の日本人

明治から大正、そして太平洋戦争前後にかけて、仏教の経典を求めて、あるいは僧院での修学に、そして国の密命を帯びて、鎖国状態のチベットへ密に潜入した一〇人の日本人がいた。彼らの行動を、新発見の資料と現地を含めた取材で探った異色のドキュメンタリー。当時のチベットの特異性と歴史に翻弄された日本人の稀有な体験が、詳細に綴られる。

江本嘉伸

えもと・よしのぶ／一九四〇（昭和一五）年、横浜市生まれ。東京外国語大学卒業。ジャーナリスト。南北両側からのエベレスト（チョモランマ）登山取材、北極、中央アジア、チベット横断、黄河源流探検、モンゴル遊牧民取材、「日本モンゴル合同ゴルバンゴル学術調査」など、辺境、極地の取材多数。主な著書に『能海寛（のうみゆたか）チベットに消えた旅人』（求龍堂）、『ルンタの秘境 いま最も人間的！チベットを探る』（光文社）、『ルポ 黄河源流行』（読売新聞社）など多数。「地平線会議」代表世話人、東京外国語大学山岳会会員、日本山岳会会員。

「日本の背骨」を地図で旅する列島縦断六〇〇〇キロ

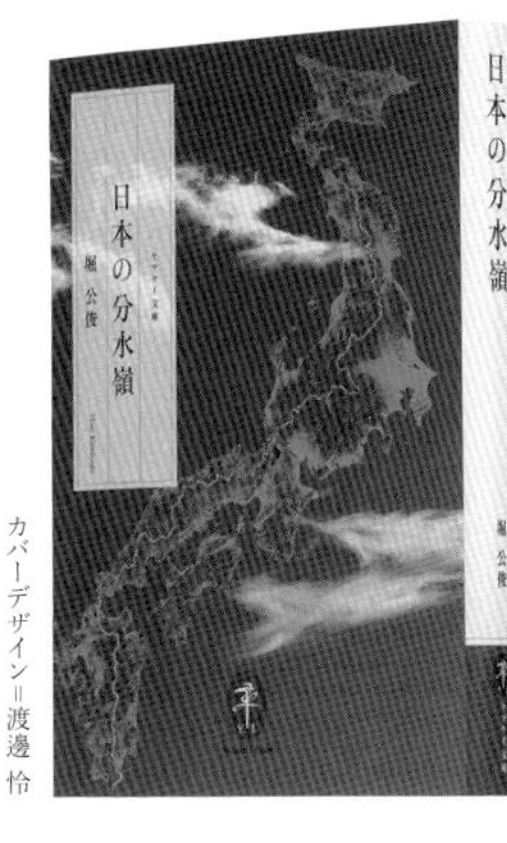

カバーデザイン＝渡邊 怜

編集長 Eyes

日本列島の背骨「分水嶺」に秘められた意外な物語が満載。山歩きがきっと楽しくなる。

日本の分水嶺

空から降り落ちた雨の行く先は太平洋か、それとも日本海か？ その運命を決める一本の線＝大分水嶺には、自然と人間にまつわる大いなるドラマが秘められていた。本書では日本の背骨に関わる一一八の物語を紹介。分水嶺がつくり出した興味深い話題や身近な疑問を取り上げ、肩の凝らない解説で読者を空想旅行へと誘う。読んで旅する日本列島六〇〇〇キロの地図の旅。

堀 公俊

ほり きみとし／一九六〇（昭和三五）年、神戸市生まれ。大阪大学大学院工学研究科修了。大手精密機器メーカーで企画業務に従事したのち、二〇〇三（平成一五）年に日本ファシリテーション協会を有志とともに設立、初代会長となる。その一方で「分水嶺ハンター」として登山・キャンプ・鉄道・ドライブなど、あらゆるスタイルを駆使して全国の分水嶺の調査研究を続けている。現在、組織コンサルタント、日本ファシリテーション協会フェロー。著書に『ファシリテーション入門』『ワークショップ入門』（ともに日本経済新聞出版社）など多数。

花と展望の南アルプスに魅せられた元日本共産党委員長の熱き想い

カバー写真＝花畑日尚

編集長 Eyes

五八歳での仙丈ヶ岳挑戦から七〇歳での早川尾根まで。南アルプスへの熱き想いがしみじみと伝わる一冊。

私の南アルプス

元日本共産党の委員長として、政党を超えて国民に圧倒的人気のあった不破哲三氏。その多忙を極めていた当時、氏は夏休みをやりくりして、奥深い南アルプスに毎夏、通っていた。一三座ある三〇〇〇メートル峰を一〇年かけて踏査、山の紀行文を一冊にまとめた。すばらしい頂上からの展望や、高山植物との出会い、登山者との交流など、南アルプスの魅力が余すところなく綴られる。

不破哲三

ふわ・てつぞう／一九三〇（昭和五）年一月、東京生まれ。東京大学理学部物理学科卒業。四〇歳で日本共産党の書記局長に就任、当時マスコミから「共産党のプリンス」と呼ばれた。八二（昭和五七）年、幹部会委員長に就任。二〇〇六（平成一八）年一月の党大会で高齢などを理由に議長職を退任。元衆議院議員、日本共産党前中央委員会議長。著書は一四〇冊以上に上り、日本の政治家としては最も多い。政治と経済学関連が大半だが、趣味の登山で『回想の山道』（山と溪谷社）、文学で『小林多喜二時代への挑戦』（新日本出版社）がある。

芸能界随一の本格的登山経験をもつ市毛良枝さんの書き下ろしエッセー

カバー写真＝萩原浩司

編集長 Eyes

初心者が抱く山への不安と期待、そして山で得た新鮮な感動と達成感。ベテラン登山者も本書を読んで初心者時代の自分を見つめ直そう。

山なんて嫌いだった

山で見つけたものは、自然のすばらしさと本当の自分だった。「努力・根性・汗かく、キライ！」。そんな運動嫌いだったはずの著者が、山と出会うことによって大きく変わっていく。初登山の燕岳に始まり、塩見岳、安達太良山、八ヶ岳、槍ヶ岳、九重山、天城山、キリマンジャロなどの山旅のなかで、自己を見つめ、内面の変化をもつぶさに描いた初の書き下ろしエッセー。

市毛良枝

いちげ・よしえ／一九五〇（昭和二五）年、静岡県修善寺町（現・伊豆市）生まれ。七一（昭和四六）年にドラマ「冬の華」でデビュー以来、映画、テレビドラマなどで活躍。近年では趣味の登山を生かして執筆活動や講演会など、活動の場を広げている。本著執筆後も積極的に山行を重ね、ヒマラヤ・ヤラピーク（五五二〇ｍ）登頂や、単独で南アルプス聖岳～赤石岳～荒川三山をテント泊縦走するなどの実績がある。特定非営利活動法人日本トレッキング協会理事。著書に『市毛良枝の里に発見伝』（講談社）がある。

グリーンランドからアラスカへ、単独で北極圏を完全走破した不滅の犬ゾリ行

カバー写真提供＝文藝春秋

編集長 Eyes

世界の冒険家
植村直己の強さとすごさが
あらためてわかる一冊。

北極圏1万2000キロ

極北の村シオラパルクで極地トレーニングを終えた植村直己は、グリーンランドのヤコブスハウンからアラスカのコツビューまで一万二〇〇〇キロに及ぶ犬ゾリ行に挑む。ブリザードに行く手を阻まれ、ソリを海中に落とし、シロクマの恐怖に怯え、食料不足と重労働でハスキー犬たちを次々に失ってしまう。それでも一年半をかけて完全走破した不滅の記録である。

植村直己

うえむら・なおみ／一九四一（昭和一六）年、兵庫県生まれ。明治大学卒業。日本人初のエベレスト登頂を含め、世界で初めて五大陸の最高峰登頂に成功。七六（昭和五一）年、グリーンランドからアラスカまで一万二〇〇〇キロ走破など二年がかりで北極圏犬ゾリ旅を行ない、七八（昭和五三）年には犬ゾリを使った北極圏単独行とグリーンランド縦断にも成功。八四（昭和五九）年二月、マッキンリーに冬季単独登頂後、消息を絶ってしまう。主な著書に『青春を山に賭けて』『極北に駆ける』（ともに文春文庫）など多数。

サハラ砂漠の単独横断に懸けた上温湯隆の「不朽の名作」

カバー写真提供＝アフロフォト

編集長 Eyes

多くの冒険家たちの共感を得た上温湯の言葉。「冒険とは可能性への信仰である」

サハラに死す

構成＝長尾三郎

サハラ砂漠は東西七〇〇〇キロ、横断するルートはなく、途切れ途切れにあるオアシスを点と点で結ぶしかない。この前人未踏の単独横断に、上温湯隆は一頭のラクダとともに挑み、しかし、志半ばで消息を絶ってしまう。サハラ砂漠に青春のすべてを懸けたひとりの青年の、その想いを描いた不朽の名作。

上温湯 隆

かみおんゆ・たかし／一九五二（昭和二七）年一一月二九日生まれ。都立町田工業高校を一年で中退。七〇（昭和四五）年一月三一日から七二（昭和四七）年四月二五日まで、アジア、中近東、ヨーロッパ、アフリカなど五〇余カ国をヒッチハイクで旅する。その際、サハラ砂漠を三回にわたって縦断。サハラ砂漠への思いやみがたく、七四（昭和四九）年一月二五日、モーリタニアの首都ヌアクショットを出発、一頭のラクダのみを連れ、ガイドなしで七〇〇〇キロの単独横断に挑戦。しかし翌年、メナカよりの手紙を最後に消息を絶ってしまう。享年二二。

山で生きる人々の姿を精緻に活写して絶賛された著者の代表作

カバー写真＝高桑信一

編集長 Eyes

「滅びゆく山棲みの人々を描きとめたい」著者の思いは入念な取材を経て一冊の本にまとめられ、一九人の記録は未来への遺産となった。

山の仕事、山の暮らし

人跡まれな山域での登山を通じて、独自の視点で「山」を表現してきた高桑信一氏が、一〇年以上もの歳月を費やして、ゼンマイ採り、山椒魚捕り、猟師、蜂飼い、漆掻きなど、山で生きる一九人の姿を活写し、登山の域を超えた書き手となる端緒となった代表作。狩猟をはじめ山村文化が注目される現在、本書は新たな光彩を放つ。

高桑信一

たかくわ・しんいち／一九四九（昭和二四）年、秋田県生まれ。埼玉県幸手市在住。電電公社からNTT勤務を経て二〇〇二（平成一四）年に退職。「ろうまん山房」を設立してフリーランスに。主に取材カメラマン、ライター、渓流ガイドとして活動。奥利根、下田・川内山塊、南会津などの知られざる山域に精通する。そのかたわら、消えゆく古道や山里の暮らしを取材し、雑誌などに発表する。『古道巡礼』（東京新聞出版局、ヤマケイ文庫）、『タープの張り方 火の熾し方－私の道具と野外生活術』（ヤマケイ文庫）、『山と渓に遊んで』（みすず書房）ほか著書多数。浦和浪漫山岳会OB会員。

人はなぜウィルダネスへと旅立つのか。「バックパッカーのバイブル」が待望の文庫化

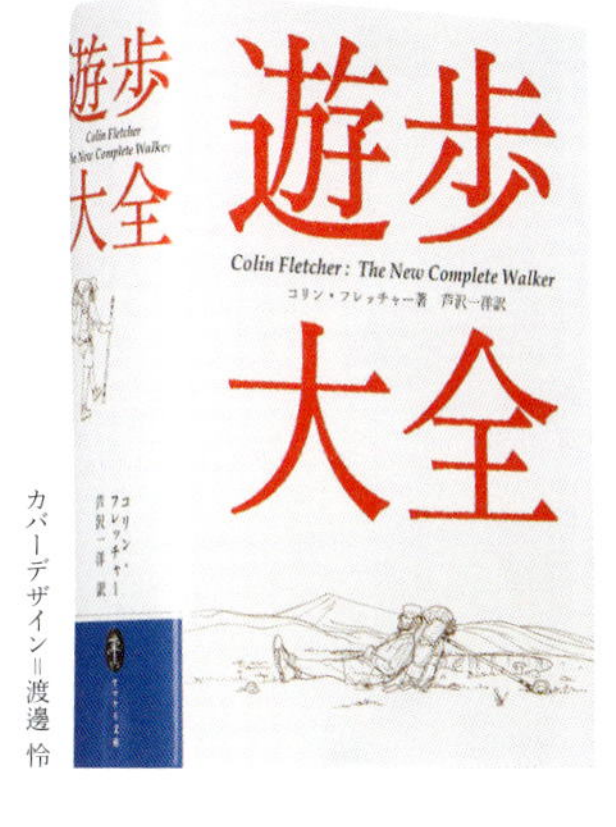

カバーデザイン＝渡邊 怜

編集長 Eyes

一九七〇年代後半、日本のバックパッキングブームはこの一冊に始まった。

遊歩大全

訳＝芦沢一洋

一九七四（昭和四九）年に出版され、バックパッカー、ハイカーのバイブルとして全米で圧倒的な支持を得たコリン・フレッチャー著『The New Complete Walker』の日本語版を完全覆刻。ウィルダネスを歩く技術と用具を集大成し、自然の中で生きる思想に踏み込んだ内容は「バックパッカーのバイブル」といわれた名著。芦沢一洋の名訳も、他に代え難い価値をもつ。

コリン・フレッチャー

Colin Fletcher／一九二二年、ウェールズ生まれ。第二次大戦従軍後、アフリカ生活を経て、五〇年に渡米。五八年カリフォルニア・ウォーク（『The Thousand-Mile Summer』）、六三年グランド・キャニオン・ウォーク（『The Man Who Walked Through Time』）などの旅と執筆を行なう。六八年『The Complete Walker』刊行。以降二〇〇二年のIVまで版を重ねる。七三年『The Winds of Mara』、八一年『The Man From the Cave』、九七年『River: One Man's Journey Down the Colorado, Source to Sea』刊行。二〇〇七年逝去

「悪夢の一日」となった
エベレストの悲劇を
徹底取材した
山岳ノンフィクション

カバー写真＝村口徳行

編集長
Eyes

デス・ゾーンで何が起きたのか？
映画化もされた歴史的遭難を
プロのアウトドアライターがレポート。

空へ　悪夢のエヴェレスト 1996年5月10日

一九九六（平成八）年五月一〇日、日本人女性第二登を果たした難波康子をはじめ六人の死者を出した未曾有の遭難事故がエベレストで発生した。アメリカのアウトドア誌のレポーターとして、公募登山隊の実態をレポートするために参加した著者が、たまたま事故の当事者となり、生存者の証言など徹底取材の末に著した山岳ノンフィクション。世界一五カ国で出版、ベストセラーとなった。

ジョン・クラカワー

Jon Krakauer／一九五四年、シアトル生まれのアウトドアライター。アメリカの代表的アウトドア誌『アウトサイド』を中心に執筆活動を続ける。アラスカのデビルズ・サム単独登攀などの記録をもつクライマーでもある。著書に『エヴェレストより高い山』『荒野へ』など。

訳＝海津正彦

かいつ・まさひこ／一九四五（昭和二〇）年、東京生まれ。早稲田大学政経学部卒業。翻訳家。

世界のトップクライマー一七人が語る冒険の思想

カバーイラスト＝長場 雄

編集長 Eyes

山野井泰史さんも絶賛！
すべての本気クライマーが
絶対に読んでおくべき一冊。

ビヨンド・リスク

訳＝手塚 勲

「クライミングというものがどこから来てどこへ行くのかを理解したければ、まずこのスポーツをリードしてきた人たちから何かを学ぶことだ」（序文より）。刊行から四半世紀を過ぎてなお、一線のクライマーらに影響を与える山岳名著の文庫化。カシン、ボナッティ、メスナー、クルティカ、クロフト……二〇世紀を代表する登山界のレジェンド一七人が自らの登山哲学、冒険の思想を語る

ニコラス・オコネル

Nicholas O' Connell／『ニューズウィーク』『ナショナル・ジオグラフィック・アドベンチャー』『ニューヨークタイムズ』といったさまざまな媒体に、アウトドアや旅・食をテーマに寄稿する。ライターのためのワークショップや、文芸サイト「The Writer' s Workshop Review」（www.thewritersworkshop.net）を主宰。著書に『Beyond Risk』（一九九三）ほか、『The Storms of Denali?』（二〇一二）、『On Sacred Ground』（二〇〇二）などがある。

NHK BS1の番組『実践! にっぽん百名山』の一コーナーであった「萩原編集長の山塾」も、書籍名となって刊行されるのはこれが三冊目。『実践! 登山入門』『秒速! 山ごはん』と、番組で人気を博した実用的なテーマに続いて、今回は山の文学についてまとめてみました。

本来は「はじめに」でお知らせすべきことだったかもしれませんが、本書はあくまでもヤマケイ文庫に収録された書籍の紹介本で、必ずしも山の本全体のなかのベストセレクションというわけではありません。「山の本のなかで、本当にいいものはすべて文庫化したい」という思いはあるのですが、事情によって採用することの難しい名著が世の中にはまだまだ存在するのです。

たとえば山口耀久さんの『北八ッ彷徨』。山を見る澄んだ目線と磨き上げられた文学表現は、戦後の山岳文学の最高傑作といえるでしょう。深田久弥さんの『日本百名山』は、今さら説明するまでもない山の名作。植村直己さんの『青春を山に賭けて』も、多くの登山者や冒険家に影響を与えた名著として今も愛読されています。今回、紹介できなかった山の名著はほかにもたくさんありますが、本書をヒントにして、自分に合った自分だけの山の名著を探してみませんか。

山に登った先人たちの思い出や、深い思索が詰め込まれた本との出会いは、あなたの登山生活をきっと豊かにしてくれるはずです。本書を読んでいただいたすべての方が、よき本と出会い、そしてよき山登りが楽しめますように。

二〇一八年一二月　「ヤマケイ文庫」編集長　萩原浩司

●編集協力
神長幹雄、米山芳樹（山と溪谷社）

●校正
中井しのぶ

●ヤマケイ文庫 ロゴマークデザイン
岡本一宣デザイン事務所

荻原編集長の山塾

写真で読む山の名著

二〇一九年一月十五日　初版第一刷発行

著者　荻原浩司
発行人　川崎深雪
発行所　株式会社 山と溪谷社
郵便番号　一〇一-〇〇五一
東京都千代田区神田神保町一丁目一〇五番地
http://www.yamakei.co.jp/

●乱丁・落丁のお問合せ先
山と溪谷社自動応答サービス
電話　〇三-六八三七-五〇一八
受付時間／十時～十二時、十三時～十七時三十分
（土日、祝日を除く）
●内容に関するお問合せ先
山と溪谷社
電話　〇三-六七四四-一九〇〇（代表）
●書店・取次様からのお問合せ先
山と溪谷社受注センター
電話　〇三-六七四四-一九一九
ファクス　〇三-六七四四-一九二七

印刷・製本　大日本印刷株式会社

定価はカバーに表示しています

Printed in Japan　ISBN978-4-635-04855-2